子どもの心を動かす読み聞かせの本とは

解説＆ブックガイド400

岡崎一実　野口武悟　共編

日外アソシエーツ

●編集担当● 青木 竜馬
装 丁：赤田 麻衣子

はじめに

　名作といわれる作品でも、いざ実際、子どもたちに「読み聞かせ」をしてみると反応が芳しくないという場合がある。作品自体が「読み聞かせ」という形態に不向き、読み手の力量不足、聞き手と作品のアンマッチなど様々な要因が考えられるであろう。一方、作品の知名度にかかわらず、子どもたちに「読み聞かせ」を行うと好評を得られる作品もある。そういった「『読み聞かせ』に向いている本」の情報を共有し、「読み聞かせ」そのものを考える機会を持ちたいというのが本書制作の動機であった。

　本書は解説編とブックガイド編の二部構成となっている。解説編は学級担任時代に毎日5分間の「読み聞かせ」を行い、いまも子どもたちの読書活動、図書館教育に力をいれている関東学院小学校（横浜市）校長の岡崎一実が担当している。

　ブックガイド編は「読み聞かせ」経験のある幼稚園・小学校の教員、司書教諭、学校司書、公共図書館司書、ボランティアなど30の個人ないし機関にアンケートを実施した。「『読み聞かせ』に相応しいとお考えの本」「経験の中で子どもたちの反応が良かった本」「手応えを感じた本」を一人当たり20点ほど推薦していただいた。人選に関しては専修大学文学部教授で一般社団法人日本子どもの本研究会（JASCL）会長である野口武悟が主にあたった。回答に際しては「読み聞かせ」をどのような場面で、どのような年齢・学年を対象に行ったのか、そして、作品の特徴、子どもたちの反応など「ひとこと」を書き添えていただいた。結果、のべ536冊、重複を除いて452冊の本が推薦され、ブッ

(3)

クガイド編として掲載させていただくこととなった。アンケートにご協力くださった皆様にこの場をかりてお礼申し上げたい。
　「読み聞かせ」の楽しさを一人でも多くの方が知ってくださり、実践していただけたら幸いである。

　2019 年 8 月

　　　　　　　　　　　　　　　　　　　　　　　　編　者

凡　例

1.　本書の内容

　　本書は、本の「読み聞かせ」の分類、意義、事例などをまとめた「解説編」と、実際に「読み聞かせ」を行っている教員、司書、ボランティアなどに「読み聞かせに向いている本」に関するアンケートを実施しその結果を集計した「ブックガイド編」で構成するものである。ブックガイド編には452点の図書を掲載した。

2.　解説編

　　編者（岡崎一実）による解説を掲載した。

3.　ブックガイド編

　1）各図書を書名の読みの五十音順に排列した

　2）図書の記述

　　書名／副書名／著者表示／版表示／出版者／出版年月／ページ数または冊数／大きさ／叢書名／定価（刊行時）／ISBN（①で表示）／内容／推薦者＊／対象＊／場面＊／ひとこと＊

　　＊アンケート回答に基づき、推薦者（肩書きのみ）、場面（教室での読み聞かせなど）、対象（低学年など）、ひとこと（子どもたちの反応など）を掲載した

4.　収録作品一覧

　　収録した作品を作品名順に排列し、その見出しと掲載頁を示した。

5.　書誌事項の出所

　　本目録に掲載した各図書の書誌事項等は主に次の資料に拠っている。

　　　データベース「bookplus」

　　　JAPAN/MARC

目　次

解説編

本書を読み進めるにあたって 3

第1章　なぜ「読み聞かせ」をするのか 5

第2章　読み聞かせを分類する 7

　　1.「だれが」「だれに」「なにを」.......................... 8

　　（1）「だれが」.. 8

　　（2）「だれに」.. 8

　　（3）「なにを」.. 9

　　2. そのほか、気をつけておいた方がよいこと 9

　　（1）いつ読むか 10

　　（2）どこで読むか 10

　　（3）どうやって読むか 11

　　（4）どれくらいの時間をあてるか 11

　　小休止①お子さんには「読み聞かせ」を 13

第3章　「読み聞かせ」と「ひとり読み」はまったく別物と

　　　　考えたほうがよい 14

　　1.「読み聞かせ」は人の関係が主役 14

　　2.「ひとり読み」につながらなくても 15

第4章　学力との関連 16

第5章　シーン①　家での読み聞かせ 18

　　1. 物語の共有 18

　　2. 場の共有 19

　　3. 時間の共有 20

　　小休止②手を休めて「読み聞かせ」を 23

(6)

第6章　子どもを本嫌いにしないために 24
　　コラム　入試面接エピソード 28

第7章　ひげうさぎ先生の取り組み 29
　　1. 言葉の力を伸ばすために 29
　　(1)「ひとり読み」の時間 30
　　(2)「読み聞かせ」の時間 31
　　(3)「作文（書く）」 32
　　2. 司書教諭・学校司書との連携 34
　　小休止③読み方のタイプ 35

第8章　シーン②　教室での読み聞かせ 36
　　1.「教室読み聞かせ」＝「朝連」（あされん）
　　　　—毎朝かならず、5分だけ 36
　　2. 子どもと3つのものが"共有"できる 37
　　3.「本好き」になる 38
　　4.「心」が育つ 39
　　コラム　盛り上がりすぎたときはどうするか 40

第9章　読み聞かせボランティアはどうしたらよいか 41
　　1. 教室の「読み聞かせ」はボランティアにとっては「アウェイ」 42
　　2. 初対面の「読み聞かせ」は難しい 42
　　3. 保護者の「読み聞かせ」 43

第10章　関東学院小学校での取り組み 45

ブックガイド編
　収録作品一覧 50
　　ブックガイド編 79

(7)

解説編

「読み聞かせ」とは

　「読み聞かせ」は大切だ、赤ちゃんのときからしてあげてと言われています。言葉がわからなくてもどんどん本を読んであげて、とすすめられます。それはなぜなのでしょうか？　なんのために読み聞かせをするのでしょうか？　そのことを整理してみたいと思います。

解説編

本書を読み進めるにあたって

岡崎一実

　公立小学校で学級担任をしていたとき、毎日5分間、子どもたちに「読み聞かせ」をしてきました。どんな日も続けて年間約200日、本の長さにもよりますが、低学年で1年間に20冊ぐらいの本を読みました。そうして毎日、決まった時間に「読み聞かせ」をしていると、本をもって立っただけで子どもたちは本の世界に入る準備をするようになります。そして5分の「読み聞かせ」が終わり、続きはまた明日、じゃあ国語の授業を始めるよ、というと自然に授業に入れるのです。

　とこう書きますと、教室経営の手段として「読み聞かせ」を行っていたように聞こえますが、それは結果であって、実は本（物語）の世界を子どもたちと共有できるのがうれしくて仕方がなかったというのが本音です。ふとしたときに「先生、これってこのあいだ読んでくれたあの本と同じだね」と子どもが言ってくれることがあります。そんなとき、「あー聞いてくれているんだ」とぞくぞくするような喜びを感じたのでした。

　いまでも記憶している光景があります。子ども部屋に布団が3枚敷いてあって、2人の弟、わたし、そして父が寝転がっています。三本川ならぬ四本川です。父はそうやってわたしたち三兄弟に本を読んでくれました。本の内容ははっきりとは覚えていませんが、その部屋の天井にぶら下がる照明器具がどういうものだったのかは鮮明に記憶しています。

子どもの心を動かす読み聞かせの本とは　　3

そして父がわたしたちのためだけに「読み聞かせ」をする時間をもってくれたことに感謝しています。

解説の中で「『ながら読み聞かせ』というものはない」と述べています。それは「読み聞かせ」というものは、親と子の間であったとしても、教師と子どもの間であったとしても、なにかをしながらすることはできないからです。おうちでお子さんに「読み聞かせ」をするとき、親御さんは仕事の手を止め、子どもと向き合うことになります。教室で担任の教師が子どもたちに「読み聞かせ」をするときも同じです。そのとき、そのお父さん、お母さん、教師は、子どもたちと、本（物語）、場、時間を共有することになるのです。この経験は子どもたちにとって、すばらしい財産となります。そして親（大人）にとっても、子どもたちと心を通わせる貴重な時間となるでしょう。

「読み聞かせ」の楽しさを一人でも多くの方にお届けしたく、本書を書きました。これから「読み聞かせ」を始めようとする方には、どうして「読み聞かせ」なのかを知ってくださればと願っています。またすでに「読み聞かせ」を行っておられる方には、改めてその意義をふりかえる機会としてくださればと思います。

解説編

第１章

なぜ「読み聞かせ」をするのか

　なぜ、子どもに「読み聞かせ」をするのでしょうか？

　知識が得られる、教訓が学べる、道徳心が涵養される、心を育てることができる、読解力がつく、小学校受験のため、本好きになってほしいから・・・。

　いろいろな目的が思い浮かぶかもしれません。

　わたしは小学校の教師として長年にわたって教室で「読み聞かせ」をしてきました。また現在校長をしている関東学院小学校は「ほんの学校」を標榜し、読書活動、図書館教育に力を入れています。そういう関係からよく「なぜ、子どもに『読み聞かせ』をするのでしょうか？」と聞かれます。おそらく質問される方は、上述した「知識が得られる・・・」というような答えを期待しておられるのでしょう。

　お父さんやお母さんに向けて試しに「読み聞かせ」をすることがあり

子どもの心を動かす読み聞かせの本とは　　5

ます。そのとき、聞いている大人たちは「知識が得られる…」などと期待して聞いているでしょうか。ただただ物語やお話が楽しく、はらはらどきどき、この先どうなっていくのだろう、あー！と、そういう風に思いながら聞いてはいないでしょうか。

　「読み聞かせ」の目的は、「読み聞かせ」そのものである。これがいちばん大事なのではないかと思っています。

　ですから、「読み聞かせ」の目的を尋ねられたときは、何かができるようになるからと考えず、もしあるとしたら結果は後からついてくる（かもしれない）くらいに考えた方がよいのではないでしょうか、とお答えしています。

読み聞かせの目的は読み聞かせそのもの

　　　　目的　「〜のために」

　　　　　　　⬇

　　　　効用「〜となるかもしれない」

　　　　　　　⬇

　　　　くらいでよいのかもしれない

解説編

第2章

読み聞かせを分類する

　「読み聞かせ」とひとくちにまとめてしまうのは実は簡単なことではありません。「読み聞かせ」にはいろいろなタイプ、種類が考えられます。

　本書を読み進めていく皆さんの頭の中でイメージする「読み聞かせ」も千差万別ではないでしょうか。念頭にある「読み聞かせ」はどのタイプなのか。まずそのことを考えていただけたらと思います。

　「読み聞かせ」は様々なことが組み合わさって成り立っています。名作といわれる本があり、自分にとってもとてもよい本なのだけど、教室での「読み聞かせ」にはどうも合わないというケースがあります。担任が5分間の「読み聞かせ」を継続している場合は、まったく前置きなし、「それでは」といって本を取り出しスタートすることができますが、初めて教室に来られたボランティアの方に同じようなことを期待しても難しいでしょう。そのときは、たとえば手遊びをしたり歌を

子どもの心を動かす読み聞かせの本とは　7

解説編

歌ったりして場を温めてから「読み聞かせ」に入らなければなりません。

　先にも述べましたが、皆さんがどういったものを「読み聞かせ」としてイメージしているのかをはっきりさせることが、「読み聞かせ」とは何かを理解し、求めている「読み聞かせ」に近づく道ではないでしょうか。

1.「だれが」「だれに」「なにを」

　「だれが」「だれに」「なにを」読むのか、その組み合わせで「読み聞かせ」に違いがでてきます。

（1）「だれが」

　「だれが」というのは、「読み聞かせ」する人が親なのか、学校の先生（担任）なのか、司書教諭なのか、学校に来られるボランティアなのか、などです。ボランティアでも経験豊富なのか、それほど経験されていないのかということも考えなければなりません。

　また、学校以外の公共図書館での「読み聞かせ」、あるいは書店での「読み聞かせ」というのもあります。TV や CD、DVD で俳優さんなどが「読み聞かせ」をするというのもあるでしょう。

（2）「だれに」

　「だれに」というのは、自分の子どもに対してなのか、それは赤ちゃんなのか、幼稚園児なのか、小学生なのか。あるいは幼稚園や学校で、そこにいる園児や児童に対してなのか。また、対象が子どもとは限り

解説編

ません。PTAの講演会で、講師の方が保護者に「読み聞かせ」を実演して聞いてもらうということがあります。老人会で「読み聞かせ」という場面もあるでしょう。

別の見方をすると、読み手と聞き手が知り合いかどうかという分け方もできます。同じクラスの児童という特定の集団なのか、たまたまそこに集まった不特定の子どもたちなのか。書店や図書館で「読み聞かせ」をするときには、子どもといっしょに親が聞くことがあるかもしれません。

（3）「なにを」

絵本なのか読み物なのか、「なにを」読むのかという違いがあります。ノンフィクション作品をブックトークのような形で「読み聞かせ」することもあるでしょう。また文学作品をたとえばオーディオブックのように朗読という形で「読み聞かせ」することがあるかもしれません。

あるいはその作品が一人称で書かれているものなのか、三人称で書かれているものなのかという違いもあります。というのは、それによって読み方、取り上げ方が変わってくることがあるからです。

2. そのほか、気をつけておいた方がよいこと

「だれが」「だれに」「なにを」に付随して、「読み聞かせ」を考えるときに気をつけておいた方がよいことをお話しいたします。

子どもの心を動かす読み聞かせの本とは　　9

解説編

（1）いつ読むか

学校であれば、朝なのか、授業時間なのか、休み時間なのかという違いがあります。授業時間であれば、クラス全員が強制的に聞かなければなりません。休み時間ならば、聞きたい子だけが聞く、ということもあるでしょう。学校でイベント的に年に1回とか、月に1回とかということもあるでしょう。

帯時間のようにして毎日5分ずつずっと続けるのか、不定期なのかということもあるかもしれません。家庭であれば、朝なのか、昼間なのか、夜なのか、寝る前なのか。「いつ」という要素が、選ぶ本にかかわってくることがあります。

（2）どこで読むか

たとえばリビングなのか、子ども部屋なのか、ベッドルームなのか。学校であれば、自分の教室なのか、図書室なのかという違いがあります。校内の大きなホール、体育館、本校でいえば礼拝堂で、ということもあるでしょう。

不特定多数の聞き手に対する「読み聞かせ」では、書店や公共図書館が会場になるケースもあります。どんな形で座っているかという要素もあります。教室形式で子どもが椅子に座って前を向いている状態もあるでしょうし、幼稚園などでは、机や椅子をなくして部屋の真ん中に子どもたちを集め、床に座った状態で読むということもあるでしょう。またその際、座っている床は板張りなのか絨毯なのかという違いもあります

10

解説編

し、場合によっては屋外で読むということもあるでしょう。

（3）どうやって読むか

どうやって読むかというのは、「読み聞かせ」を考えるときの大切な観点です。たとえば挿絵のある物語を読む際、挿絵をすべて見せるのか、あるところだけ見せるのか、最後まで見せないのか。読み手は座って読むのか、立って読むのか。聞き手が大勢の場合は立って見えるようにする必要があるでしょうし、コンパクトな部屋なら座って子どもと目を合わせながら読むこともできるでしょう。

あるいは、淡々と読むのか、感情を込めて読むのか。「読み聞かせ」だけの時間なのか、ブックトークの中の一部分なのか。シーンによって読み方も変わってくるでしょう。

また大型絵本を使ったり、紙芝居を「読み聞かせ」たりするという位置付けもあるかもしれません。この場合もどうやって読むかを考えなければなりません。

（4）どれくらいの時間をあてるか

最後にもう一つ、どのくらいの時間を読み聞かせにあてのるかということが関わってきます。小学校の担任時代、毎日5分の読み聞かせをずっと続けてきましたが、それが5分なのか、15分なのかという違いがあります。時間によって、さわりだけでやめるのか、1冊ずっと読み続けるのか、あるいは1話だけにするのかという違いが生まれます。「読み

子どもの心を動かす読み聞かせの本とは　11

聞かせ」を帯時間として定期的にするのか、不定期なのか。あるいは1単位時間（45分）の全部を「読み聞かせ」にあてることもあるかもしれません。

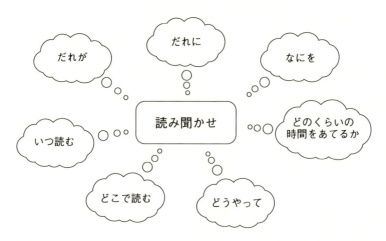

組み合わせで違いが出る「読み聞かせ」

解説編

小休止① お子さんには「読み聞かせ」を

Q：「読み聞かせ」は苦手、わたしにはできないと思う方もいるようですが？

A：もし親御さんで、読み方が上手ではない、本は好きではない、という方がいらしたとしても、自分のお子さんには、とくに小さいときには、ぜひ読んであげてください。親子の関係であれば、お母さんが抱っこしてくれて読んでくれた、お父さんが寝るときいっしょに本の話をしてくれた、という体験が大切です。本がよいとか悪いとか、読み方が上手い下手とかには関係なく、「読み聞かせ」をしてください。

解説編

第3章

「読み聞かせ」と「ひとり読み」は
まったく別物と考えたほうがよい

　「読み聞かせ」と「ひとり読み」は連続的につながっていると考えられる方がおられるかもしれません。しかし、「読み聞かせ」と「ひとり読み」はわけて考えた方がよいでしょう。

　読み聞かせてもらうのが好きという本好きと、ひとりで読むのが好きという本好きは、別といったら言いすぎかも知れませんが、イコールではありません。ですから、自分の子どもに「読み聞かせ」をしていれば、そのうちに「ひとり読み」するようになるだろうと考えるのは飛躍があります。

1.「読み聞かせ」は人の関係が主役

　「読み聞かせ」は、本そのものよりも、読んでもらう人（子ども）と読んであげる人（大人・親）との関係が主になります。本は人と人を仲

14

解説編

介する媒体です。

　一方、「ひとり読み」は、間に人が介在せず、読む人と本との二項の関係しかありません。

　したがって「読み聞かせ」は人間関係、「ひとり読み」は本と読み手との関係ということができるでしょう。

　「読み聞かせ」をしてもらった子どもは、「昨日、お父さんに本を読んでもらったよ」とは言いますが、「昨日、○○という本を読んでもらったよ」とはあまり言いません。

　これに対し、「ひとり読み」の場合は、「昨日、○○という本を読んだよ」といいます。

　「読み聞かせ」は人が先にでてきます。一方、「ひとり読み」に人は出てこず、本そのものがメインです。

2.「ひとり読み」につながらなくても

　「あんなに『読み聞かせ』をしてあげたのに、うちの子は本を読まない」と嘆く親御さんがおられます。「あんなに読んであげたのに・・・」という気持ちはわかりますが、幼いときに膝の上や枕元でお父さん、お母さんが本を読んでくれた記憶は、お子さんの中には残っているものです。それだけでも大事な財産になると思います。

　「読み聞かせ」はあまり欲張らず、子どもに読んであげる、喜んでくれる、それがあれば大成功なのではないでしょうか。

子どもの心を動かす読み聞かせの本とは　　15

解説編

第4章

学力との関連

　「読み聞かせ」をする、あるいは本が好きになるという話をしていると必ず聞かれることがあります。それは「勉強はできるようになりますか?」ということです。

　あるいは「本ばかり読んで、うちの子、勉強しないんですよ」という悩み。これはまあ欲張りだなぁと思います。大学生が1冊の本を読み通せないといわれている時代、読めるということだけで相当なアドバンテージだろうと思います。

　でも「読み聞かせ」や本を好きになることに、何かしらプラスアルファを求めたくなる親心は理解できます。読書力がつくと勉強ができるようになる。家庭教育雑誌がそういう特集を組めば売り上げが伸びるそうです。これをどうとらえたらよいのか。研究者ではないのでエビデンスは持っていないのですが、経験上、ひとつ言えることがあります。それは、

16

解説編

本が好きな子は語彙が確実に増えるということです。

　たくさんの言葉を知っていれば、物事を考えるときのベースが広くなります。これは大きなアドバンテージになるのではないでしょうか。たとえばテストで問題文を読んだときに、分からない言葉ばかり並んでいたら、そこを理解しないと問題には入れません。しかし、書いてある言葉がとりあえず理解できれば、そこから先の問題を考えることにスムーズに入れるでしょう。

　学力が伸びるかどうかは、勉強の好き嫌い、得意不得意な教科があるかなどの要素がからむので一概には言えません。しかしたくさんの言葉を知っていれば、伸びる素地、可能性は広がります。

　「読書量は学力の上限を規定する」という言葉が心に残っています。本をたくさん読む子には伸びしろがあります。もちろん一概には言えないのですが、たくさん本を読んでいれば天井は高いだろうと、かつて担任していた子どもたちを見ていて、実感としてわかる気がするのです。

子どもの心を動かす読み聞かせの本とは　　17

解説編

第5章

シーン① 家での読み聞かせ

　保護者の方々には「なぜ『読み聞かせ』をするのか？　大切なのは『読み聞かせ』そのもので、それが目的です」という話をしています。

　では「読み聞かせ」はなぜ大切なのでしょうか？

　キーワードは「共有」。3つのものが「共有」できるからです。

1. 物語の共有

　『おかえし』（村山桂子・作　織茂恭子・絵　福音館書店）という絵本があります。保護者の方に「読み聞かせ」による「物語の共有」という話をする際に例としてよく用いる絵本です。

　お話は、引っ越してきたキツネのおくさんが、タヌキのおくさんに、つまらないものですが、とイチゴを持ってくるところから始まります。これはこれはけっこうなものをと受けとったタヌキのおくさんが、いた

18

解説編

だいたのでおかえししなきゃ … これがずっと繰り返されて、家の中身がすっかり入れ替わってしまい、さいごに子どもも取り変わってしまって、ああ、また引っ越しのごあいさつを、というストーリーです。

で、たとえば自宅をたずねてこられた方が手土産か何かを持ってくる。この絵本をお母さんに読み聞かせしてもらった子どもが「あ、つまらないものだ」と口にする。一瞬、アイコンタクトがあって、「だめよ、そんなことを言っちゃ」とお母さん。二人は物語を思い出して笑ってしまう。共有されていた物語が日常生活にポッとでてくる。その一瞬、物語が二人の心をつなげる。それがとても大切なことなのです。

テレビで見ていたアニメや戦隊シリーズ、ヒーローものと同じ場面が日常生活にでてきて、「あれと同じだ」と共有することもあるでしょう。しかしテレビのセリフやギャグだけでなく、やはり絵本の世界が日常生活とクロスして、親子でその物語が共有できたらいいだろうなあと思うのです。

なにより絵本は世代を超えて物語を共有することができます。読んであげたお子さんが親になって、そのお子さんとまた物語を共有する。こうして三世代、四世代にわたって読み継がれている絵本もたくさんあります。これはテレビ番組ではできないことではないでしょうか。

2. 場の共有

親御さんがお子さんに「読み聞かせ」をする場合、読んでもらった部屋だとか、そのときのあかりだとか、膝や布団のぬくもりだとか、風呂

子どもの心を動かす読み聞かせの本とは　19

上がりのお父さんのにおいとか、肌触りだとか、そういったものすべてに意味があります。これが「読み聞かせ」における2つめの「共有」、「場の共有」です。

ビデオやテレビで感動的な物語を名優が演じるのを聞いたとしても、場は心に残りません。場の共有はバーチャルなものでは得ることのできない体験だからです。

よく、公共図書館で小さいお子さんたちを集めて、お母さんの膝にお子さんを抱いてお話を聞く会があります。これも、もしお母さんがお子さんをあずけてその場を出て行ってしまったのならば意味がなくなってしまいます。なぜならば、お母さんの膝で聞くという、場を親子が共にすることに意味があるからです。

子ども部屋、布団、照明器具など父に本を読んでもらった場が鮮明に甦るように、子どもの心に場は残るものだと思うのです。

3. 時間の共有

「読み聞かせ」の3つの共有のうち、物語の共有、場の共有についてお話ししてきました。もう一つ、「時間の共有」について。

小学校に入ると、教科書の音読を家でしなさいという宿題がでることがよくあります。課題となっている文章を子どもが読んで、それをおうちの人が聞き、チェックをしたりコメントを書いたりするというものです。音読チェックは、たとえば洗い物をしながら、洗濯物をたたみながらといった「ながら」で行うことが可能です。この場合、親

解説編

はもちろん子どものために時間を割いているわけですが、子どものためだけに時間を使っているわけではありません。

一方「読み聞かせ」です。「ながら」音読宿題はできますが、「読み聞かせ」に関しては「ながら」はできません。親御さんがしなければいけないこと、したいことをやめて、子どもと時間を共にしないと絶対にできないのが「読み聞かせ」なのです。

「読み聞かせ」をしてもらうとき、お父さん、お母さんが自分のためだけに本を読んでくれた。すべてをやめて、お父さん、お母さんが本を読んでくれたという、それが、子どもにとって愛されているという実感のひとつになるだろうと思うのです。

先日、幼児教室の講演で「読み聞かせ」について話をしました。その際、この「時間の共有」について触れたところ、一人の方が感想を述べてくださいました。

その方は、今までお子さんにたくさんの本を「読み聞かせ」されてきたそうです。あんまりしすぎて、飽きてきてしまっていたそうです。

ところが「読み聞かせ」には時間の共有という目的があって、それは子どもが感じることのできる親の愛なのだという話を聞き、「そういう意味が読み聞かせにはあったのですね。大事だったのですね。これからも続けます」といってくださいました。

たくさん「読み聞かせ」をしてきた人は飽きてくるというか、そろそろ「ひとり読み」してくれないか、と思うこともあるようです。でもこの方に限らず、「読み聞かせ」にはこういう意味があるのだと知っ

子どもの心を動かす読み聞かせの本とは　21

解説編

てもらうことには大きな意義があります。学力が上がるとか、読書家になるとかのお約束はできませんが、「読み聞かせ」はお子さんのために、ただそのことだけに時間をとってあげるという「愛」にほかなりません。5分でいいから手を止めてお子さんに本を読んであげる。それがどれだけ伝わるものか。一人でも多くのお父さん、お母さんにそのことを知っていただけたらと願っています。

解説編

小休止② 手を休めて「読み聞かせ」を

　講演などで「時間の共有」について話をするとき、自戒の念を
こめて次のような例をひきます。

　「家でご主人（奥さん）のお話を聞くときに、手を止めて聞い
てあげたら、聞いてもらった方はどんな感じがするでしょうか。
5分でいいから何もかもやめて、ご主人（奥さん）の話に耳を傾
ける。これを子どもと親の関係にあてはめてみて、5分でいいか
らお子さんに本を読んであげる…」と。

　この話、とてもよく分かってくださいます。

　さて、手を休めてお子さんに「読み聞かせ」をしてあげること
は、お父さん、お母さん自身にもよい影響を与えることがありま
す。かっか、イライラしていたのが、子どもといっしょに本を読
み、物語の世界に入っていくうちに、気持ちが穏やかになってい
くことがあります。日ごろのストレスが軽減されるのです。

　「読み聞かせ」は、お父さん、お母さんのサプリメントでもあ
ります。

子どもの心を動かす読み聞かせの本とは　23

解説編

第6章

子どもを本嫌いにしないために

2004年に『ひげうさぎ先生の子どもを本嫌いにする9つの方法—親と子と教師のための読み聞かせブックガイド』（柘植書房新社）という本を出しました。

その中で、以下の9項目を実行すれば、子どもはめでたく本嫌いになります、と書きました。これはもちろん逆説的なものです。子どもを本嫌いにしたくなければ、そういうことは避けてくださいという意味のものです。

「読み聞かせ」は大切だという話をしていますと、「そんなによいことならば」と一生懸命に取り組まれる方がおられます。「今日から毎日5冊ずつ読む」と宣言して実践されるとか。子どもの状態を考えずにそういうことをすると、子どもはその時間が嫌いになり、ひいては本が嫌いになってしまうことがあります。

解説編

　そういう場面を見たり聞いたりしていたのをまとめたのが『ひげうさぎ先生の子どもを本嫌いにする９つの方法──親と子と教師のための読み聞かせブックガイド』です。

　どういうことが書いてあるのか、少し紹介いたします（くどいようですが、あくまでも逆説的です）。

〈子どもを本嫌いにする９つの方法〉

してはいけない読み聞かせ１　「一人で読みなさい」

してはいけない読み聞かせ２　「その本はもう読んだでしょ」

してはいけない読み聞かせ３　「どんなお話だった？」

もってはいけない静かな時間１　「テレビを見なさい」

もってはいけない静かな時間２　「お母さんは読みません」

もってはいけない静かな時間３　「もっと長く読みなさい」

つくってはいけない環境１　「"よい本"を読みなさい」

つくってはいけない環境２　「本屋さんには行きません」

つくってはいけない環境３　「マンガを読んではいけません」

　「９つの方法の中で最も効果的なのがこれ。そう『読み聞かせをしないこと』です。小さいころから本の読み聞かせをするなんてもってのほか。１年生になったいまでも添い寝をしながら読み聞かせをしているのなら、今晩すぐにやめましょう」

子どもの心を動かす読み聞かせの本とは　25

解説編

「お父さんが読み聞かせをするのは絶対にいけません。お父さんは毎日夜遅くまで仕事をしていて、疲れているのです。寝る前に読み聞かせをする物理的な時間も精神的余裕もないはずです。

もしそんなことをしてしまったら。毎晩のように『読んで！』とせがまれて、半年もしないうちに子どもは本好きになってしまいますよ」

「してはいけない『読み聞かせ』をしながらも子どもを本嫌いにするとっておきの方法があります。それは『質問攻め』にすることです。

『どんなお話だった？』

あらすじを言わせるのがオーソドックスな方法です。国語のテスト問題を思いうかべながら、こんな質問をしてみるのはいかがでしょう。

『2番目の事件は何だった？』

『どんな登場人物がいたかな？』

『どこがおもしろかった？』

『○○ちゃん（お子さんの名前）はどう思った？』

（中略）

本を読んだら、かならず質問しましょう。そうすれば、あなたのお子さんが本を読んでもらうのがいやになるに違いありません」

ほかにも「ノルマを課す」「読書感想文を書かせる」などの〝有効〟な手段があります。

26

解説編

くれぐれも実行なさらないようにお願いいたします。

『ひげうさぎ先生の子どもを本嫌いにする9つの方法
- 親と子と教師のための読み聞かせガイド』

ひげうさぎ著
柘植書房新社 2004.10.15
156p 21cm(A5) 1500円
ISBN4-8068-0507-6

解説編

●コラム●

入試面接エピソード

　関東学院小学校は入試に親子面接があります。

　その親子面接でお子さんや親御さんと話をするときに、読み聞かせについて質問することがあります。

　「読み聞かせをしていますか？」「どんな本を読み聞かせていますか？」「読んであげる立場でお好きな本は何ですか？」といったことを尋ねます。

　その際、「ももたろう」と答えられると少々がっかりします。もちろん「ももたろう」が悪いわけではありません。でも以下に述べるような理由で、舞台裏が透けて見えるようで残念な気持ちになるのです。

　私立小学校を受験するお子さんの多くは幼児教室に通っています。そこでは入試のために「ももたろう」のような昔話をちゃんと教えなさい、覚えさせなさいと親が指導を受けるようです。

　その結果、ふだんは読み聞かせをしないような家庭でも、昔話は一生懸命に読むのでしょう。

　もちろん、動機はどうあれ読み聞かせを家でするのはとてもいいことです。しかし、入試の面接で「ももたろう」と答える家庭は、読み聞かせもそこで止まっているのだろうということも見えてしまうのです。

　「どんな本を読み聞かせていますか？」と尋ねたとき、

　「かこさとしさんの『からすのパンやさん』」という答えが返ってきたり、

　「『ぐりとぐら』です。私も読んでもらったので」や、

　「酒井駒子さんの本です」

　「『三びきのやぎのがらがらどん』がだいすきです」なんて答えが返ってきたら、「おーっ、いいですねー！」と叫んでしまうかもしれません。

　こういう答えを聞くと、そのご家庭には本の環境があるなぁ、と感じるのです。

　関東学院小学校は「ほんの学校」をキャッチフレーズにして、読書活動、図書館教育に力をいれています。そういう学校を受験するのに「ももたろう」はないだろう、と思ったりもしてしまいます。

　もっとも、そのことだけで不合格になったりすることは絶対にないのですが。

解説編

第7章

ひげうさぎ先生の取り組み

　「ひげうさぎ」というのは公立小学校の教師時代に使っていたわたしのニックネームです。今でもこのウェブネームで、年間300冊を越えて読んでいる本にまつわるさまざまな情報を、SNSで毎日発信しています。ここでは担任時代の取り組みについてご紹介いたします。

　といいますのは、この後に「教室での読み聞かせ」について解説いたしますが、その前段として、わたしが教室でどのような取り組みをしてきたかを知っておいていただいた方が、話がスムーズに伝わるのではないかと思うからです。

1. 言葉の力を伸ばすために

　「読み聞かせ」「ひとり読み」「作文（書く）」の3つがあれば、言葉の力を伸ばすことができます。学級担任をしていたときには、これで言葉

子どもの心を動かす読み聞かせの本とは　29

解説編

の力を育んでいました。

　教師としての経験が浅い時期、授業の名人と呼ばれる先生方からたくさん学びました。その先生方のクラスの子どもたちが力を伸ばしていく様子を見て、どうしたらそういう子どもが育っていくのかと思いました。と同時に、そういった先生方がなさっていることを手当たりしだいに真似して、自分のクラスでやってみました。

　そうして試行錯誤していくうちに、いつのまにか、自分がこの地域のこのクラスでやっていくにはこれがちょうどいいのかなと思えるスタイルができあがりました。そして10分間の「ひとり読み」、5分間の「読み聞かせ」、「作文」を毎日続けたのです。

　「ひとり読み」のことも、「読み聞かせ」のことも、「書く」ことも、日刊で発行する学級通信に書いて毎日ご家庭に届けていました。クラスの親御さんは、子どもたちの読書のようすやお子さんの作文はもちろん、友だちの作文にも興味をもってくださり、家族ぐるみで「言葉」にかかわってくださいました。たばねて製本された学級通信は、ずっととっておいてくださっています。

(1)「ひとり読み」の時間

　『朝の読書が奇跡を生んだ―毎朝10分、本を読んだ女子高生たち』（船橋学園読書教育研究会・著　高文研　）という本があります。その本を読んでそこで行われていた「ひとり読み」（「朝読書」）を自分のクラスでも取り入れたいと思いました。

解説編

　小学校では、読書の時間を週に1コマ（45分）とることができます。その時間は「読み聞かせ」をしたり、子どもたちが自分で本を読んだり、学校図書館へ行ったりすることができます。

　週に1回45分を読書の時間にあてるよりも、毎日10分ずつを4日間、5日間にした方が子どもと本が自然につながるのではないか。そう考えて朝読書を取り入れてみたのです。

　子どもたちには、毎日朝の10分間「ひとり読み」をしてもらいました。読む本は、字の本であればなんでもよいとしました。読んでいる本が終わりそうだったらもう1冊用意しておきなさい、引き出しにはいつも読みかけの本が1冊は入っているというようにしておきなさいと指導しました。

　原則は4つ、「みんなでやる（担任も読む）」「毎日やる」「好きな本でよい」「ただ読むだけ」です。

（2）「読み聞かせ」の時間

　杉山亮さんという『どんなときも名探偵』など人気シリーズを書かれている方が、「朝の連続小説」と名付けて、毎日5分、物語の本を読み続けるという実践をされていたのを真似したのが始まりでした。

　5分としたのは、一日の学校生活の中で無理なく生み出せて継続できる時間が5分だった、という理由もあります。

　朝の10分間の「ひとり読み」の後、毎日決まった5分の帯でずっと読み続けました。毎日同じことを繰り返すことで「読み聞かせ」が習慣づけ

子どもの心を動かす読み聞かせの本とは　31

られました。黒板の前に立って本を開くと子どもたちはお話を聞く準備に入ります。そうして5分間の「読み聞かせ」が終わり、続きは明日、じゃあ漢字の勉強ねというと自然と勉強に入れるようになりました。

「三春台ライブラリー」関東学院小学校での読み聞かせのひとコマ

(3)「作文（書く）」

「ひとり読み」「読み聞かせ」とともに毎日文章を書くことをどの学年を受け持っても徹底しました。

たとえば、低学年には身の回りの不思議なこと、"はてな？"と思ったことを書く「はてな？帳」を書かせました。また高学年には"ドキドキ"したことを書く「ドキドキノ〜ト」を、ある学年には「maika`iノート」というのを書かせたこともあります。ちなみに「maika`i」とはハワイ語で「心からいいなと思える気持ち」というニュアンスをもった言葉で、子どもたちには「心からいいな」と思ったことを書くのだよと指

解説編

導しました。

　ここでは書き方のコツも教えました。たとえば、「句点、マルがついたらそのマルは500円玉だと思って、何個も何個も500円を集めなさい。なんとかして、なんとかして、なんとかしてじゃなくて、なんとかした。なんとかしました。というように文をできるだけ短くして書きなさい」というように。

　(これらのことは『ひげうさぎ先生のだれでも書ける文章教室』(柘植書房新社) にまとめました。子どもの作文だけでなく、大人が文章を書くときにも参考になる本です。)

『ひげうさぎ先生のだれでも書ける文章教室』

ひげうさぎ著　柘植書房新社　2005.11.25　160p
21cm(A5)　1500円　ISBN4-8068-0529-7
〔内容〕小学生と、かつて小学生だった人のための日記・作文上達法。
このコツとこのネタで、だれでも日記・作文が上達する！ 20年にわたる日記・作文指導から生まれた大胆で画期的な方法。

子どもの心を動かす読み聞かせの本とは　33

2. 司書教諭・学校司書との連携

　担任と子どもたちをつなぐものが本でなければならないとは思いません。運動が得意な先生が縄跳びなどの運動で、歌の好きな先生が歌で、クラス作りをするというのもありだと思います。

　わたしの場合はたまたま本好きということがあり、それが本になったという面があります。

　公立小学校で担任をしていたころは、まだ学校図書館に司書教諭は配置されていませんでした。勤務していた自治体では、学校司書の方が週に1回来られるという形でした。

　将来は専任の司書教諭になりたいと思っていたこともあって、夏休みに司書教諭講習に通い司書教諭の資格をとりました。でも当面は学級担任を続けることになるので、学校に来られた司書の方と仲良くなりました。「うちのクラス、こんな風にやっているので」というと、選書の際に考慮してくれました。またあるときにはクラスの子が図書室でどのようにすごしているか伝えてくれました。「あの子、こんな本を読んでいたわよ」と聞くと、「あれ？　教室とは違うな」と気づかせてくれることもありました。

　その後、司書教諭や学校司書が配置され、読書活動や図書館教育に力を入れるようになると、学級担任がその方々に指導をお任せしてしまうという傾向が生じてしまうようになりました。読書の時間、図書館の時間になると「行ってらっしゃい！」とクラスの子を送り出し、戻ってきたら「はい、おかえり」でおしまい。もったいない。これでは読書の授

解説編

業と学級での生活がつながらないので、子どもたちが本好きであったと
してもさほど効果は上がらないだろうなと思います。

　逆に担任の頭にいつも本のことがあって、司書教諭や学校司書と連携
できていれば最高です。「今度こういう本を読むのだけど図書室に入れ
ておいてください」というお願いを聞いてもらえるようになりますし、
子どもが読んでいる本、好きな本の情報交換をすることで、子ども理解
の一助にもなります。

小休止③　読み方のタイプ

　「読み聞かせ」の読み方には二つのタイプがあります。
　ひとつは、淡々と、物語そのものに語らせる、語り手、読み手
の人間がでないように読むというタイプです。図書館関係の人は
比較的、本そのものに語らせる、あまり解釈を入れた読み方はし
ないという人が多いように思います。
　もうひとつは、劇のように声色を変えたりたっぷり間を取った
りしながら、読み手の解釈で物語を作り上げて読む、語るという
タイプです。
　担任として子どもと関係を作るのだとしたら、ここは盛り上が
らせたいとか、ドキッとさせたいとか、ある程度は脚色した方が
よいかなと思います。
　しかしそれは「だれが」「だれに」「なにを」に関わってきます。

子どもの心を動かす読み聞かせの本とは　　35

解説編

第8章

シーン②　教室での読み聞かせ

1.「教室読み聞かせ」＝「朝連」（あされん）—毎朝かならず、5分だけ

　チャイムが鳴って、職員室での打ち合わせが終わり担任が教室に来るまでの時間、たいていの学校はドリルなどを子どもたちにさせています。担任したクラスでは、その時間を10分間の「ひとり読み」にあてていました。

　そして朝読書が終わった後に5分間の「教室読み聞かせ」を行いました。毎日かならず、5分だけ、読むだけ、です。杉山亮さんはこの「朝の連続小説」を「朝連」（あされん）と呼んでいたと思います。

　感想文などを書かせることはありません。年間約200日、本の長短にもよりますが低学年でだいたい20冊、高学年でも10冊ちかくの本を読むことができました。

36

解説編

　保護者やボランティアグループによる「読み聞かせ」が広がっています。しっかりと準備し練習してくださった創意あふれる「読み聞かせ」は貴重なものです。

　でももし本稿を、小学校の担任で「読み聞かせ」をしていない方が読んでいたとしたら、それをしないのは「もったいない」と申し上げたい。

　「読み聞かせ」の時間は、個別チェックもテストも評価もなにもいらない、子どもたちと担任が本の世界を楽しむだけのゴールデンタイムです。これをほかの人に譲るなんて本当にもったいないことです。

2. 子どもと３つのものが"共有"できる

　教室での「読み聞かせ」によって、親子の間の３つの共有と同じように、担任と子どもの間でも「物語の共有」「場の共有」「時間の共有」ができるようになります。

　５分間の「読み聞かせ」で読んだところと似たような場面が、日常生活に出てくるときがあります。「先生、あれと同じだね」というつぶやきを聞くと、その「物語」を間に子どもたちと心がつながった実感を得ることができます。

　教室の中で、担任と子どもたち、子どもたちどうしがどんな「場」で一つの物語を共にしたのかというのもあります。教室の様子、時計、カーテン、日差し、担任の声、ぬくもり、においだったりします。それはテレビやビデオでは置き換えられないものです。

　また、「時間の共有」もそうです。「静かにしなさい！」などとやたら

子どもの心を動かす読み聞かせの本とは　　37

解説編

に注意をするよりも、あるいは事務連絡的な時間を省いて、5分間本を読んで楽しんでしまった方がおたがいに気持ちがよいのではないでしょうか。そしてなにより「ながら」でない時間を担任と子どもで共有することができるのです。

3.「本好き」になる

　学校教育の一環として行っている教育活動なので、本が読めるようになってほしい、「ひとり読み」ができるようになってほしいという思いは当然あるでしょう。本書の冒頭で「読み聞かせ」と「ひとり読み」は別物だと書きました。しかし家庭での「読み聞かせ」と学校での「読み聞かせ」は違います。教室での「読み聞かせ」は「ひとり読み」につなげることができます。

　教室の「読み聞かせ」でずっと読んできた長い物語が終わったときに、それ貸して！とクラスの子どもがやってくることがよくあります。今まで本を読まなかった子が、読み聞かせている途中の本を手にして読むようになったりすることもあります。そのために、読み聞かせた本は学級文庫に入れておきます。子どもには、読んでもらった本をもう一度自分で読みたいという思いがあります。同じ物語でも、聞いて読むのと自分で読むのとでは、読書の体験が違うからです。

　また「読み聞かせ」をしてもらった本を買ってほしいという子どもがいます。学校で読んでもらったのだから買わなくてもいいじゃない、という親御さんがおられますが、子どもは、読んでもらった本だからこそ、

38

解説編

買ってもらって自分の本として手元に置きたいと思うものなのです。どうかそのあたりを理解してあげてください。

　あるとき、読み書かせた本が貴重なサイン本だったことがあります。いつもは学級文庫に入れるのですが、そのときは「これは大事だからみんなには貸さない」と宣言しました。するとそのことでよけいにそそられたのか、ふだん本を読まない子が読みたそうな顔をしています。そっと呼んで「読みたい？　じゃあ、特別に貸してあげよう」と言って、袋に入れて内緒で貸してあげたことがありました。子どもがどうしたら本好きになってくれるだろうかと、担任時代にはいつもそのことを考えていました。

4.「心」が育つ

　教室での「読み聞かせ」は、教師も子どももみんなでいっしょに聞いたという体験です。子どもどうしの"共有"がそこにあります。同じ本を聞いた友だちが笑っていた、しんみりしていたなどの経験の"共有"も子どもたちの「心」を育ててくれます。

子どもの心を動かす読み聞かせの本とは　　39

解説編

●コラム●

盛り上がりすぎたときはどうするか

　去年、関東学院小学校に東京こども図書館名誉理事長の松岡享子さんをお招きしました。

　高学年には、松岡さんが翻訳されたパディントンの物語についてお話ししてくださいました。また、低学年には、「番ねずみのヤカちゃん」という物語を語ってくださいました。

　ストーリーテリング——手元に何も持たず、子どもたちと目を合わせて語ります。25分ほどだったでしょうか。1年生と2年生140人がその語りにずっと引きつけられていました。

　「読み聞かせ」も「語り」もワーッと盛り上がった後が難しいものです。それを松岡さんは、ワーッと笑わせて、盛り上がった後、なにごともなかったかのようにスーッと次のお話の展開にもっていかれました。語り手の熟練の技術を目のあたりにした場面でした。

　盛り上がってしまったとき、収拾がつかなくなって「静かにして！」と言ってしまったら、その「読み聞かせ」なり「語り」はおしまいです。物語の世界、舞台がそのひとことでガラガラと崩れてしまうからです。

　とはいえ相手は小学生、何かしらの牽制は必要です。

　わたしの場合は「途中で注意したらお話が台なしになってしまうから、おもしろくなってワーッとなってもすぐに戻ってね」と最初に言っておくことにしています。

　それでもハメをはずしてしまう子がいたら、読みながら、睨みます（笑）。

解説編

第9章

読み聞かせボランティアは
どうしたらよいか

　保護者やボランティアグループによる「読み聞かせ」が盛んになって
います。ここではそのことについて取り上げます。

　ひとつご理解いただきたいのは、前述したように、「読み聞かせ」は、
本そのものよりも、読んでもらう人（子ども）と読んであげる人（大人・
親）との関係が主になります。ですから、親と子、担任と子どもたちと
いう日常の人間関係がない、あるいは薄い中での「読み聞かせ」は容易
ではないということです。

　保護者やボランティアによる「読み聞かせ」を否定するものではあり
ません。地域とのつながりなどを考えると必要なものでしょう。しかし、
そこには難しさがある、安易に取り組むと逆効果になり得るということ
を認識いただければと思います。

子どもの心を動かす読み聞かせの本とは　41

解説編

1. 教室の「読み聞かせ」はボランティアにとっては「アウェイ」

　サッカーやラグビーでよく聞かれる「ホーム」と「アウェイ」という言葉。圧倒的な応援が期待できるとか、気候やグランドの特性に慣れているとかという意味で「ホームが有利」です。「読み聞かせ」もこれに似ています。保護者やボランティアグループが教室で行う「読み聞かせ」は「アウェイ」です。そのことを、読み手だけでなく、受け入れる側の管理職や担任も認識しておく必要があります。

2. 初対面の「読み聞かせ」は難しい

　聞き手がどういう相手なのか知らないというのは厳しいものがあります。「読み聞かせ」する子どもたちはどのくらい本になじんでいるのか、聞いている子どうしは知り合いなのかなど、事前に情報を得ていたとしても、初対面でそこに入るのには相当な技量が求められます。図書館や書店で子どもたちを集めて「読み聞かせ」をされていますが、人間関係のできていない集団に、それも年齢もばらばらな集団に、ストーリーテリングや読み聞かせをするのはほんとうに難しいだろうなと想像しています。

　どのレベルのお話をどのくらいの時間聞くことができるのか、行儀が悪い子がいたときにどうするか、盛り上がりすぎたときにどうするかなど、瞬時にしてそういうことを察知して対応しなければいけないので、相当な技量がないとお話し会の時間をもたせるのは難しいのではないでしょうか。

解説編

3. 保護者の「読み聞かせ」

　ですから、保護者がボランティアとして学校に読み聞かせにいくのはとくに難しいことだと思います。自分の子どもがそのクラスにいたとしたら、なおさらではないでしょうか。

　かしこまった感じで「ボランティアのなになにさんです」と紹介されるだけでも、おたがいに気はずかしいものがあります。読み聞かせを乱す子がいたときに、ボランティアの保護者が注意するのもたいへんです。注意された子は、先生でもないのになんで怒られなきゃいけないんだ、となってしまうかもしれません。また最近の風潮では、その怒られた子の親が、先生でもない人になんでうちの子が怒られなきゃいけないのですか、なんて言ってきたりすることもあると聞きます。

　学校サイドとしては、ボランティアをしてくださる方のお気持ちをく

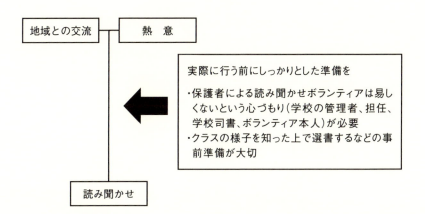

保護者による「読み聞かせ」

子どもの心を動かす読み聞かせの本とは　　43

みながら、事前に十分打ち合わせをしたうえで、子どもたちの読むレベル、聞くレベルや、ふだんの読書傾向、クラスのようすをお伝えして選書してもらうなどの準備が必要です。また、担任にも子どもたちといっしょに参加してもらうことも必要だと思います。

　地域との関係を作るために読み聞かせボランティアをお願いするということもあるでしょう。しかし、しっかりした準備のない中ではボランティアはやらない方がいいと思います。学校が読み聞かせボランティアの体制をきちんと整え、来て下さる方の力が発揮できる状態を作れないのであれば、簡単に引き受けない方がいいと考えています。

　このことをどうしても伝えたい、この本を読んであげたいというお気持ちはわからないでもありません。でも、40人の教室に知らない人が飛び込みで入ってなにかするのは、想像以上に難しいものです。

解説編

第10章

関東学院小学校での取り組み

　関東学院小学校は 1952 年に創立されました。かなり早い時期から専任の司書教諭を置き、寄付を募って学校図書館を建て、読書活動に力を入れてきました。その頃の先生方の慧眼には驚かされます。

　そして現在も「ほんの学校」をキャッチフレーズにし、読書活動、図書館教育に力をいれています。ただし、読書感想文を書かせたり、何冊読んだかなどと冊数を競わせたりはしていません。

　これまで本校が築いてきた財産と、わたし自身がしてきた「ひとり読み」や「読み聞かせ」をベースに、司書教諭とアイデアを出し合いながら「本が好きになってくれたらいいなぁ」と願ってさまざまな活動を行っています。

　そしてこの取り組みのベースにある考えは「『聞く』が大事」ということです。

子どもの心を動かす読み聞かせの本とは　　45

解説編

　言語能力は「聞く」「話す」「読む」「書く」の順番で発達していきます。赤ちゃんの言語活動はまず「聞く」ことから始まります。まわりの大人からたくさんの言葉を、意味がわかってもわからなくてもかけてもらって、あるときあふれるように言葉がうまれてくる。「聞く」が始まりで、それが「話す」につながっていくのです。ここまでは文字は介在しません。

　人類の歴史をたどると、文字ができてからまだ数千年かしか経っていません。それまでの何万年かは「聞く」と「話す」だけの世界でした。それが、あるとき文字が生まれ、「読む」「書く」につながったわけです。ですから、「聞く」「話す」と「読む」「書く」の間には大きなギャップがあります。このギャップを乗り越えるのにだいじなのが、実は「聞く」ことなのです。

　4段に分かれた三角形をイメージしてください。その三角形は言語能力をあらわすもので、底から「聞く」「話す」「読む」「書く」となっています。

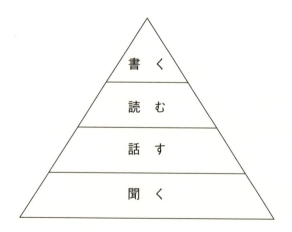

解説編

　底辺の「聞く」の幅が長く厚みがあるほど頂点の「書く」が大きくなります、反対に「聞く」の幅が短く薄ければ、「書く」は小さくなってしまいます。子どものころにいかにたくさんの言葉のシャワーを浴びるか、それがこの三角形＝言語能力を高く大きくする鍵となってきます。

　ということで、本校では入学からずっと「聞く」ことを大事にしています。その一環として１〜４年生には「お話し会」の時間があります。

　「お話し会」は「読み聞かせ」ではありません。そこで行われるのは素話、語り、ストーリーテリングなどと言われるものです。

　１回のプログラムには長いお話と短いお話の２つがあります。長いお話は20分ぐらい、ときにはもっと長いものもあります。これを子どもたちは絵や映像などの助けを借りずに、言葉だけを「聞いて」お話の世界にひたるのです。

　「お話し会」でよく語られる昔話には物語の原型（3つの繰り返し、出て行って帰って来るなど）がつまっているので、敷居が低く、音声だけを頼りに物語や情景などを頭の中でイメージ化するトレーニングにもなっています。

　これが本の世界に入るひとつのきっかけ、素地というものになるのではないでしょうか。同時に、活字を見て、それをイメージすることにつながってくるのではないかと取り組んでいます。

　ただ本を読ませるのではなくて、お話を聞くところから子どもたちを耕す。そういうベースがあって、子どもと本がつながっていくのではな

子どもの心を動かす読み聞かせの本とは　　47

いでしょうか。その信念のもと、「ほんの学校」としてさまざまな活動に取り組んでいます。

校長室の前にある「ひげうさぎ文庫」。読み終えた本が置かれていて、子どもたちも保護者も自由に読むことができます。

ブックガイド編

ブックガイド編

収録作品一覧

【あ】

あいたくなっちまったよ	79
あおいちびトラ	79
あかいふうせん	79
あかり	79
あさになったのでまどをあけますよ	80
あたまにつまった石ころが	80
あーといってよ あー	81
あなたがうまれたひ	81
アベコベさん	81
あまがえるさん、なぜなくの？	81
あらいぐまとねずみたち	82
あらしのよるに	82
アリからみると	82
アリゲイタばあさんはがんこもの	83
ありこのおつかい	83
アリーテ姫の冒険	83
あるひあひるがあるいていると	84

ブックガイド編

アンガスとねこ……………………………………… 84

アンジュール……………………………………… 84

アンナの赤いオーバー…………………………… 84

【い】

いいからいいから…………………………………… 85

石をとらえたお役人……………………………… 85

いじわるブッチー…………………………………… 85

いたずらきかんしゃちゅうちゅう……………… 86

いただきますのおつきさま……………………… 86

１ねん１くみ１ばんでっかい！！……………… 86

いちはちじゅうのもぉくもく…………………… 87

いっぽんのせんとマヌエル……………………… 87

いつもちこくのおとこのこ

　　―ジョン・パトリック・ノーマン・マクヘネシー… 87

いのちのたべもの………………………………… 88

いもさいばん……………………………………… 88

いやいやえん……………………………………… 88

いるのいないの…………………………………… 89

いろいろいろのほん……………………………… 89

子どもの心を動かす読み聞かせの本とは　51

ブックガイド編

いわしくん……………………………… 89

インサイド アウトサイド ……………… 90

【う】

ウエズレーの国……………………………… 90

ウェン王子とトラ………………………… 91

うごいちゃだめ！………………………… 91

うごきのことば…………………………… 91

うし………………………………………… 92

うしはどこでも「モー！」……………… 92

うそ………………………………………… 92

うそだあ！………………………………… 93

宇宙のみなしご…………………………… 93

うどん対ラーメン………………………… 93

うまかたやまんば………………………… 94

うまれたよ！オタマジャクシ………… 94

うまれたよ！カタツムリ……………… 94

うれしいさんかなしいさん……………… 94

うんちっち………………………………… 95

ブックガイド編

【え】

エパミナンダス……………………………… 95

エリザベスは本の虫……………………… 95

エルマーのぼうけん……………………… 96

エンザロ村のかまど……………………… 96

【お】

おーいでてこーい………………………… 97

王さまと九人のきょうだい……………… 97

王さまライオンのケーキ………………… 97

大あばれ山賊小太郎……………………… 98

オオカミのひみつ………………………… 98

おおきくなりすぎたくま………………… 99

おおきくなりたい こりすのもぐ ……… 99

おおきなおなべとちいさいおなべ………100

おおきな木…………………………………100

大どろぼうホッツェンプロッツ…………100

おおはくちょうのそら……………………101

おかえし……………………………………101

子どもの心を動かす読み聞かせの本とは　53

ブックガイド編

おかしなゆき ふしぎなこおり ……………………101

おこだでませんように………………………………102

おさる日記……………………………………………102

おじいちゃんがおばけになったわけ………………103

おじいちゃんは水のにおいがした…………………103

おしいれのぼうけん…………………………………104

おじさんのかさ………………………………………104

おすしのさかな………………………………………105

おたからパン…………………………………………105

おたすけじぞう………………………………………105

おつきさま、こんばんは！…………………………106

お月さまってどんなあじ？…………………………106

おっきょちゃんとかっぱ……………………………106

おっとあぶない………………………………………106

おっぱいのひみつ……………………………………107

おとうさんがいっぱい………………………………107

おとうさんのちず……………………………………107

おとなってじぶんでばっかりハンドルをにぎってる…108

おにたのぼうし………………………………………108

おにの赤べえ…………………………………………109

オニのサラリーマン…………………………………109

54

ブックガイド編

おひさまいろのきもの……………………………………109

おひさまとおつきさまのけんか………………………………109

おひさまパン………………………………………………110

おひゃくしょうとえんまさま…………………………………110

おべんとう…………………………………………………110

おまえうまそうだな………………………………………110

おまたせクッキー…………………………………………111

おむすびさんちのたうえのひ………………………………111

おもちのきもち……………………………………………111

おもち一つでだんまりくらべ………………………………111

おれがあいつであいつがおれで……………………………112

オレ・ダレ…………………………………………………112

おれはねこだぜ……………………………………………112

【か】

かいじゅうじまのなつやすみ………………………………113

かいじゅうたちのいるところ………………………………113

かえるをのんだととさん……………………………………113

かえるふくしま……………………………………………114

カクレンボ・ジャクソン……………………………………114

子どもの心を動かす読み聞かせの本とは　　55

ブックガイド編

かさ……………………………………………114

かさどろぼう………………………………115

かずあそびウラパン・オコサ………………115

風をつかまえたウィリアム…………………115

かぜのでんわ………………………………116

かぞえうたのほん…………………………117

かちかちやま………………………………117

かないくん…………………………………117

かぶとむしはどこ？………………………117

がぶりもぐもぐ！…………………………118

かまきりのちょん…………………………118

かようびのよる……………………………118

からすたろう………………………………118

からすのパンやさん………………………119

カレーのひみつ……………………………119

かわ…………………………………………119

【き】

木を植えた男………………………………119

きかんしゃやえもん………………………120

56

ブックガイド編

狐……………………………………………………120

きつねにょうぼう………………………………120

木のうた…………………………………………121

きぼう—こころひらくとき……………………121

希望の牧場………………………………………121

きみはしっている………………………………122

キャプテンはつらいぜ…………………………122

キャベツくん……………………………………123

急行「北極号」…………………………………123

教室はまちがうところだ………………………123

きょうというひ…………………………………123

きょうのごはん…………………………………124

きょうはなんてうんがいいんだろう…………124

きょだいなきょだいな…………………………124

ギリシア神話……………………………………125

【く】

くいしんぼうのあおむしくん…………………125

くだもの…………………………………………125

くまくん…………………………………………126

子どもの心を動かす読み聞かせの本とは　　57

ブックガイド編

くまとりすのおやつ…………………………126

くまのコールテンくん…………………………126

雲のてんらんかい…………………………126

くらべてわけてならべてみよう！…………………………127

クリスティーナとおおきなはこ…………………………127

クリスマスのふしぎなはこ…………………………127

ぐりとぐらの１ねんかん 英語版 …………………………128

黒ねこのおきゃくさま…………………………128

くんちゃんのはじめてのがっこう…………………………128

【け】

けんかのきもち…………………………129

【こ】

こいぬがうまれるよ…………………………129

交響曲「第九」歓びよ未来へ！…………………………130

子うさぎましろのお話…………………………130

心ってどこにあるのでしょう？…………………………130

こすずめのぼうけん…………………………131

ブックガイド編

五体不満足 ……………………………… 131

ごちそうの木 ……………………………… 131

コッケモーモー！ ……………………… 132

ことばあそびうた ……………………… 132

こども古典落語 ……………………… 132

子どもに語るグリムの昔話 …………… 133

こねこのチョコレート ………………… 133

この計画はひみつです ………………… 133

この世でいちばんすばらしい馬 ……… 134

このよでいちばんはやいのは ………… 134

これがほんとの大きさ！ ……………… 135

これはのみのぴこ ……………………… 135

ころころころ ……………………………… 135

ごろごろにゃーん ……………………… 135

ごろべえ もののけのくにへいく ……… 136

こんちゅうってなんだ？ ……………… 136

こんとあき ……………………………… 136

こんにちは ねこ ……………………… 137

子どもの心を動かす読み聞かせの本とは　59

ブックガイド編

【さ】

最初の質問……………………………………137

さがしています…………………………………137

さつまのおいも…………………………………138

サムはけっしてわすれません…………………138

サラダでげんき…………………………………138

ざりがに…………………………………………138

サンドイッチ サンドイッチ …………………139

三びきのやぎのがらがらどん…………………139

【し】

しげちゃん………………………………………139

じごくのそうべえ………………………………140

しずかなおはなし………………………………140

しでむし…………………………………………140

じてんしゃにのるアヒルくん…………………141

じめんのうえとじめんのした…………………141

しゃっくりがいこつ……………………………141

11ぴきのねこ …………………………………142

ブックガイド編

12歳たちの伝説 ……………………………… 142

十二支のはじまり……………………………… 142

じゅげむ………………………………………… 143

しゅっぱつしんこう！………………………… 143

商人とオウム…………………………………… 143

しょうぼうじどうしゃじぷた………………… 144

しりとりのだいすきなおうさま……………… 144

白い池 黒い池 ………………………………… 144

しろいうさぎとくろいうさぎ………………… 145

白いりゅう黒いりゅう………………………… 145

しろがくろのパンダです。…………………… 145

シロナガスクジラより大きいものっているの？……… 145

しんでくれた…………………………………… 146

【す】

すごいね！みんなの通学路…………………… 146

スズメぼうし…………………………………… 147

すっすっはっはっこ・きゅ・う ……………… 147

ずーっと ずっとだいすきだよ ……………… 147

ずっとまもっているよ………………………… 148

ブックガイド編

すてきなあまやどり ………………………… 148

すてきな三にんぐみ ………………………… 148

ステラのえほんさがし ……………………… 149

ストライプ …………………………………… 149

【せ】

せかいいちうつくしいぼくの村 …………… 149

せかいいちおいしいスープ ………………… 150

せかいでいちばんつよい国 ………………… 150

世界でいちばん貧しい大統領のスピーチ ……… 150

世界にひとつしかクリスマスツリーがなかったら …… 151

ぜつぼうの濁点 ……………………………… 151

ゼラルダと人喰い鬼 ………………………… 152

せんたくかあちゃん ………………………… 152

【そ】

ゾウの長い鼻には、おどろきのわけがある！ ………… 152

そらいろ男爵 ………………………………… 153

そらまめくんとながいながいまめ ………… 153

62

ブックガイド編

そらまめくんのベッド……………………………153

ぞろりぞろりとやさいがね……………………154

【た】

だいじょうぶだいじょうぶ……………………154

たいせつなこと………………………………155

大草原のとしょかんバス……………………155

だいふくもち…………………………………155

タコやん………………………………………156

だじゃれどうぶつえん………………………156

たなばたプールびらき………………………156

たまたまのめだまやき………………………156

だめよ、デイビッド…………………………156

だれも知らない小さな国……………………157

だんしゃく王とメークイン女王……………157

タンタンタンゴはパパふたり………………158

たんぽぽ………………………………………158

子どもの心を動かす読み聞かせの本とは　63

【ち】

ちいさなねこ……………………………158

ちいさなはくさい………………………159

ちいさな魔女とくろい森………………159

チムとゆうかんなせんちょうさん……159

チャールズのおはなし…………………160

「チュウチュウ通り」シリーズ ………160

注文の多い料理店………………………161

チョコレートがおいしいわけ…………161

チワンのにしき…………………………161

【つ】

築地市場…………………………………162

綱渡りの男………………………………162

強くてゴメンね…………………………163

【て】

できるかな？……………………………163

ブックガイド編

てじな……………………………………………………163

てとゆび……………………………………………………164

天使のかいかた……………………………………………164

【と】

桃源郷ものがたり…………………………………………164

どうするどうするあなのなか……………………………164

どうぞのいす………………………………………………165

どうぶつさいばん ライオンのしごと ………………165

どうぶつしんちょうそくてい……………………………166

どうぶつたいじゅうそくてい……………………………166

時計つくりのジョニー……………………………………166

どこいったん………………………………………………166

としょかんねずみ…………………………………………167

としょかんライオン………………………………………167

どのはないちばんすきなはな？…………………………168

とべバッタ…………………………………………………168

トマトのひみつ……………………………………………168

トムテ………………………………………………………169

ともだち……………………………………………………169

子どもの心を動かす読み聞かせの本とは　65

ブックガイド編

ともだちや……………………………………169

トラのじゅうたんになりたかったトラ………170

泥かぶら………………………………………170

どろぼうがっこう……………………………170

どろんこハリー………………………………171

どんぐり かいぎ ……………………………171

ドングリ・ドングラ…………………………171

どんぐりむし…………………………………172

ドングリ山のやまんばあさん………………172

どんなかんじかなあ…………………………172

どんぶらどんぶら七福神……………………173

【な】

ながーいはなでなにするの？………………173

中をそうぞうしてみよ………………………173

なぞなぞライオン……………………………174

夏がきた………………………………………174

なつのいちにち………………………………174

なつのおとずれ………………………………175

なにをたべたかわかる？……………………175

66

ブックガイド編

なにのあしあとかな ……………………………… 175

ナビル ………………………………………… 176

ナミチカのきのこがり ………………………… 176

なんでもあらう ………………………………… 176

【に】

二番目の悪者 …………………………………… 177

にゃーご ………………………………………… 177

にわとりのおっぱい …………………………… 177

【ね】

ねえ、どれがいい？ …………………………… 178

猫山 ……………………………………………… 178

ねずみくんのチョッキ ………………………… 179

ねずみのすもう ………………………………… 179

ねないこだれだ ………………………………… 179

子どもの心を動かす読み聞かせの本とは　67

ブックガイド編

【の】

のげしとおひさま……………………………………180

ノートにかいたながれ星…………………………180

のはらうた…………………………………………180

【は】

ばあちゃんのおなか………………………………181

歯いしゃのチュー先生……………………………181

パオアルのキツネたいじ…………………………181

歯がぬけた…………………………………………182

ハグくまさん………………………………………182

はじまりのはな……………………………………182

はじまりの日………………………………………183

はじめてのおつかい………………………………183

はじめまして………………………………………183

はちうえはぼくにまかせて………………………183

はっきょいどーん…………………………………184

ハートのはっぱかたばみ…………………………184

はなをくんくん……………………………………185

68

ブックガイド編

花さき山‥‥‥‥‥‥‥‥‥‥‥‥‥‥‥‥‥185

バナナじけん‥‥‥‥‥‥‥‥‥‥‥‥‥‥‥185

バナナのはなし‥‥‥‥‥‥‥‥‥‥‥‥‥‥186

はなのあなのはなし‥‥‥‥‥‥‥‥‥‥‥186

バーナムの骨‥‥‥‥‥‥‥‥‥‥‥‥‥‥‥186

はははのはなし‥‥‥‥‥‥‥‥‥‥‥‥‥‥186

はるがきた‥‥‥‥‥‥‥‥‥‥‥‥‥‥‥‥187

バルバルさん‥‥‥‥‥‥‥‥‥‥‥‥‥‥‥187

パンダ銭湯‥‥‥‥‥‥‥‥‥‥‥‥‥‥‥‥187

ハンダのびっくりプレゼント‥‥‥‥‥‥188

ハンダのめんどりさがし‥‥‥‥‥‥‥‥188

半日村‥‥‥‥‥‥‥‥‥‥‥‥‥‥‥‥‥‥188

番ねずみのヤカちゃん‥‥‥‥‥‥‥‥‥‥189

【ひ】

光の旅かげの旅‥‥‥‥‥‥‥‥‥‥‥‥‥189

ぴっかぴかすいぞくかん‥‥‥‥‥‥‥‥190

ピッツァぼうや‥‥‥‥‥‥‥‥‥‥‥‥‥190

ピトゥスの動物園‥‥‥‥‥‥‥‥‥‥‥‥190

人食いとらのおんがえし‥‥‥‥‥‥‥‥191

子どもの心を動かす読み聞かせの本とは　69

ブックガイド編

1つぶのおこめ ……………………………… 191

ひとりぼっちのさいしゅうれっしゃ ………… 191

ひ・み・つ …………………………………… 192

ひみつのカレーライス ……………………… 192

100円たんけん ……………………………… 192

ひゃくにんのおとうさん …………………… 193

百まいのドレス ……………………………… 193

100万回生きたねこ ………………………… 193

100まんびきのねこ ………………………… 194

びゅんびゅんごまがまわったら …………… 194

漂流物 ………………………………………… 194

ピリカ、おかあさんへの旅 ………………… 194

【ふ】

プゥ1等あげます …………………………… 195

ふうせんばたけのひみつ …………………… 195

ふしぎなしろねずみ ………………………… 195

ふしぎなたいこ ……………………………… 196

ふしぎなボジャビのき ……………………… 196

ふしぎなやどや ……………………………… 196

ブックガイド編

富士山にのぼる ……………………………… 197

ぶたぬきくん ……………………………… 197

ふたり ……………………………… 197

ふゆめ がっしょうだん ……………………………… 198

【へ】

へいわってすてきだね ……………………………… 198

ヘビのひみつ ……………………………… 198

ペンギンたんけんたい ……………………………… 198

【ほ】

冒険者たち ……………………………… 199

ぼくがラーメンたべてるとき ……………………………… 199

ぼくのかえりみち ……………………………… 199

ボクのかしこいパンツくん ……………………………… 200

ぼくのかわいくないいもうと ……………………………… 200

ぼくのジィちゃん ……………………………… 200

ぼくの先生は東京湾 ……………………………… 201

ぼくはうちゅうじん ……………………………… 201

子どもの心を動かす読み聞かせの本とは　　71

ブックガイド編

ぼく、ロケットになりそうだ …………………201

ほしじいたけほしばあたけ…………………202

ボチボチイコカ……………………………202

ポットくんのおしり………………………202

ほね・ホネ・がいこつ！……………………203

炎をきりさく風になって……………………203

ホームランを打ったことのない君に …………204

ほーら、これでいい！……………………204

ほんちゃん…………………………………204

ほんとうのことをいってもいいの？…………205

ほんとのおおきさ動物園……………………205

【ま】

まいごになったおにんぎょう…………………206

マイナス50℃の世界 ………………………206

まいにちがプレゼント………………………206

マクドナルドさんのやさいアパート …………206

マコチン……………………………………207

またあしたあそぼうね………………………207

またまた ねえ、どれがいい？ …………………207

ブックガイド編

まちにはいろんなかおがいて………………………208

まほうのコップ………………………………………208

まゆとおに……………………………………………208

マララとイクバル……………………………………209

まるまるまるのほん…………………………………209

まんじゅうこわい……………………………………210

【み】

見えなくてもだいじょうぶ？………………………210

みえるとか みえないとか …………………………211

みかんのひみつ………………………………………211

みどりいろのたね……………………………………211

みどりの船……………………………………………211

耳の聞こえないメジャーリーガー

ウィリアム・ホイ……………………………………212

ミリーのすてきなぼうし……………………………212

ミルクこぼしちゃだめよ！…………………………212

みんなうんち…………………………………………213

みんなの世界…………………………………………213

子どもの心を動かす読み聞かせの本とは　73

ブックガイド編

【む】

むかしむかしとらとねこは……………………213
むじな……………………………………214
むらをすくったかえる……………………214
むらの英雄………………………………214

【め】

メアリー・スミス…………………………215
メガネをかけたら…………………………215
めがねがなくてもちゃんとみえてるもん！…………216
めちゃまちゃごためぜ……………………216
めっきらもっきらどおんどん………………216
メリークリスマスおおかみさん……………217

【も】

もっちゃうもっちゃうもうもっちゃう………………217
もっとおおきなたいほうを…………………217
ものぐさトミー……………………………218

74

ブックガイド編

森のおくから……………………………………218

もりのかくれんぼう………………………………219

【や】

ヤクーバとライオン（1）勇気／（2）信頼…………219

やさいのおなか……………………………………220

やっぱりたまごねえちゃん………………………220

やまなしもぎ………………………………………220

山ねこおことわり…………………………………220

やもじろうとはりきち……………………………221

やんちゃももたろう………………………………221

【ゆ】

ゆうひのしずく……………………………………221

ゆうびんやさんおねがいね………………………222

ゆきがふったら……………………………………222

子どもの心を動かす読み聞かせの本とは　75

ブックガイド編

【よ】

よあけ……………………………………223

ようこそ なぞなぞしょうがっこうへ ……………223

よかったねネッドくん……………………………223

よるのおるすばん……………………………224

【ら】

ライオンと魔女……………………………224

ライフタイム……………………………224

【り】

リスとはじめての雪……………………………225

りゅうがあります……………………………225

りんご……………………………225

りんごかもしれない……………………………226

ブックガイド編

【る】

ルピナスさん……………………………………226

ルラルさんのだいくしごと……………………226

ルラルさんのにわ………………………………227

【ろ】

ろくべえまってろよ……………………………227

ロージーのおさんぽ……………………………228

ロバのシルベスターとまほうの小石…………228

【わ】

わゴムはどのくらいのびるかしら？…………228

わすれられないおくりもの……………………229

わたし……………………………………………229

わたしのせいじゃない…………………………229

わたしのとくべつな場所………………………230

わたしの庭のバラの花…………………………230

わたしのワンピース……………………………231

ブックガイド編

わたしはあかねこ……………………………………231

わにさんどきっはいしゃさんどきっ………………231

ワニぼうのこいのぼり………………………………231

―――【あ】―――

あいたくなっちまったよ

きむらゆういち作、竹内通雅絵 ポプラ社 2017.8 1冊 27×22cm（ポプラ社の絵本）1300円 ①978-4-591-15512-7

〔内容〕とうちゃんは、すごいんだぜ。大迫力「お父さん絵本」の新定番誕生。お父さんやまねこが見つけた子ねずみを食べようとしたとき、現れたのは…。

〔推薦者〕図書館司書

〔対象〕低学年

〔ひとこと〕気弱なねずみのお父さんが子をまもるために精いっぱい戦う姿とそれを汲み取るねこのやりとりがよい。

あおいちびトラ

アリス・シャートル文、ジル・マックエルマリー絵、中川ひろたか訳 保育社 2015.4 32p 21×26cm 1400円 ①978-4-586-08542-2

〔推薦者〕図書館司書

〔対象〕幼児～低学年

〔場面〕図書館司書：公共図書館のおはなし会。

〔ひとこと〕らんぼうもののダンプカーがスピードの出し過ぎでぬかるみには

まる場面で、「あ～あ」というため息が子どもたちから出た。「おおきなかぶ」パターンで、乗り物と動物のオノマトペが楽しい。

あかいふうせん

イエラ・マリ著 ほるぷ出版 1976.9 1冊 22×22cm 951円 ①4-593-50027-3

〔推薦者〕大学非常勤講師

〔対象〕低学年

〔場面〕字の無い絵本の読み聞かせ。

〔ひとこと〕子どもが膨らませた赤い風船が飛んで、ページをめくるたびに、何かに変わっていくワクワク感がある。

あかり

林木林文、岡田千晶絵 光村教育図書 2014.11 32p 27cm 1300円 ①978-4-89572-881-2

〔推薦者〕図書館司書

〔対象〕高学年

〔ひとこと〕人生を、短くなっていくろうそくに映している。静かな語り口がよい。

あさになったので まどをあけますよ

荒井良二作・絵 偕成社 2011.12 1冊 30×22cm 1300円①978-4-03-232380-1

〔内容〕なにげない日々のくりかえし、そのなかにこそあるたしかな希望、生きることのよろこび、きみのまちははれてるかな。大気にみなぎる光と気配、風景の力を描く荒井良二のあらたな傑作。3歳から。

〔推薦者①〕公共図書館館長（現）・学校司書（前）

〔対象〕高学年

〔場面〕ボランティア：読書週間中の特別おはなし会。

〔ひとこと〕直接東日本大震災のことに触れてはいませんが、作者の思いを大切に伝えたいと思います。

「あさになったのでまどをあけますよ」
荒井良二作・絵 偕成社

〔推薦者②〕学校司書

〔対象〕中・高学年

〔場面〕図書の時間。「午前中」の時間帯。

〔ひとこと〕2011年、東日本大震災が起きた年の12月に刊行。いつもの朝を迎えられることの大切さ、朝は必ず来るを感じることができる。

あたまにつまった 石ころが

キャロル・オーティス・ハースト文、ジェイムズ・スティーブンソン絵、千葉茂樹訳 光村教育図書 2002.7 1冊 26×21cm 1400円①4-89572-630-4

〔内容〕切手にコイン、人形やジュースのびんのふた。みなさんも集めたこと、ありませんか？わたしの父は、石を集めていました。まわりの人たちはいいました。「あいつは、ポケットにもあたまのなかにも石ころがつまっているのさ」たしかにそうなのかもしれません—2001年度ボストングローブ・ホーンブック賞。ノンフィクション部門オナー賞受賞作。

〔推薦者〕学校司書・絵本専門士

〔対象〕6年（高学年）

〔場面〕3学期 最後の読み聞かせで。

〔ひとこと〕好きなことを見つけて欲

しい。そうすることでたくさんの道（将来）が拓けると中学へ進学する児童に毎年読みます。

あーといってよ あー

小野寺悦子ぶん、堀川理万子え 福音館書店 2015.5 23p 21×24cm（幼児絵本ふしぎなたねシリーズ）800円①978-4-8340-8151-0

〔推薦者〕学校司書

〔対象〕低学年

〔場面〕図書の時間。

〔ひとこと〕じっと静かに聞くことが苦手な児童に、読む前に「合図をしたら一緒に声出してね」というと数分間ですが集中して聞きます。

あなたがうまれたひ

デブラ・フレイジャー作、井上荒野訳 福音館書店 1999.11 1冊 23×29cm 1300円①4-8340-2528-4

〔内容〕赤ちゃん誕生の喜びの賛歌。太陽も月も地球も人びとも、みんなあなたが生まれるのを待っていた！ペアレンツ・チョイス賞などに輝く大好評の本。

〔推薦者〕司書教諭

〔対象〕低学年

〔場面〕朝の時間や授業に入る前など、そのシーンに合わせて忍ばせたいそんな絵本です。1回で読み切って欲しいです。

〔ひとこと〕生まれてくることの尊さ、かけがえのなさを伝えたい。

アベコベさん

フランセスカ・サイモン文、ケレン・ラドロー絵、青山南訳 文化出版局 1997.9.1 1冊 28×24cm 1400円①4-579-40375-4

〔推薦者〕公共図書館スタッフ

〔対象〕全学年

〔場面〕学校での読み聞かせの時間。

〔ひとこと〕全ての物事が逆という設定がユーモラスで誰もが楽しめる本。

あまがえるさん、
なぜなくの？
（韓国のむかしばなし）

キムヘウォン文、シムウンスク絵、池上理恵、チェウンジョン共訳 さ・え・ら書房 2008.7 1冊 30×22cm 1500円①978-4-378-04122-3

〔内容〕むかし、かあさんのいうことをきかない、あまがえるのこがいました。このこはだいのへそまがり。かあ

さんがなにをいっても、はんたいのことばかりしていたのです。韓国の有名な昔話を絵本にした作品。「2005年少年韓国日報優秀賞」「2006年韓国出版文化大賞」を受賞

〔推薦者〕教員・学校司書

〔対象〕低・中学年

〔場面〕担任、学校司書 昔話、道徳関連でも。

〔ひとこと〕韓国の昔話。子どもはへそ曲がりのカエルに自分を重ねるのでは。

あらいぐまと
ねずみたち

大友康夫作・絵、福音館書店、1977.4 こどものとも傑作集〈52〉900円 31p 20×27cm ①978-4-834-00521-9

〔推薦者〕幼稚園教諭

〔対象〕幼児

あらしのよるに

木村裕一作、あべ弘士絵 講談社 2006.3.10（全7巻セット（あらしのよるにシリーズ））①978-4-06936-223-1

〔内容〕あらしのよるに あるはれたひに くものきれまに きりのなかで どしゃぶりのひに ふぶきのあした まん

げつのよるに

〔推薦者①〕学校司書

〔対象〕全学年

〔場面〕学校図書館司書として図書館の時間に読んだ

〔ひとこと〕それぞれの学齢で受け止め方が違うので、どの学年でも読めました。

〔推薦者②〕幼稚園教諭

〔対象〕年長

〔場面〕継続の読みきかせ（毎日1話）。

〔ひとこと〕次を心待ちにしていた作品。

アリからみると

桑原隆一文、栗林慧写真 福音館書店 2004.6 27p 26cm（かがくのとも傑作集）838円①4-8340-1989-6

〔推薦者〕学校司書

〔対象〕低・中学年

〔場面〕図書室：春から夏に生活科で自然観察が行われるときに。

〔ひとこと〕アリの視点からの見え方に、みんなびっくり、食い入るようにみつめてきます。

アリゲイタばあさんは がんこもの

松山円香作 小学館 2012.12 1冊 28×22cm 1500円 ①978-4-09-726492-7

〔内容〕 おおきくてこわくて、ひとりぼっちのアリゲイタばあさんは、むらのはずれにすんでいました。がんこでいじっぱりで、ともだちなんてひとりもいない？…。ほんとうのアリゲイタばあさんは、なにをおもっているのでしょうね。

〔推薦者〕 図書館司書

〔対象〕 低学年

〔場面〕 おはなし会（図書館・定例）。

〔ひとこと〕 がんこだけど実は思いやりのある優しいおばあさんの行動で示す姿がよい。

ありこのおつかい

いしいももこ作、なかがわそうや絵 福音館書店 2005.8 1冊 28cm 1200円 ① 4-8340-0173-3

〔推薦者①〕 司書教諭

〔対象〕 低学年

〔場面〕 1年生 図書の授業。

〔ひとこと〕 次々に飲み込まれながら、おなかのなかでさわぐやりとりに笑いがおこる。繰り返しの良さと、絵の色使いやシンプルさがよい。

〔推薦者②〕 学校司書

〔対象〕 低学年

〔場面〕 図書室：1年生の1学期、オリエンテーションなどに。

〔ひとこと〕 どんどん、食べられていくところが、こわいという意見もあるが、デフォルメされた絵が不思議と怖さよりも面白さを感じさせます。

アリーテ姫の冒険

ダイアナ・コールス作、ロス・アスクイス絵、グループ・ウィメンズ・プレイス訳、学陽書房 1989.12.5 71p 21cm（A5）952円 ①4-313-84033-8

〔内容〕 待ってるだけのお姫さまはもう古い。かしこさと勇気—女の子ならそうこなくっちゃ。イギリスのフェミニストたちが、小さな女の子のために心をこめて作った感動のストーリー。

〔推薦者〕 小学校教員

〔対象〕 高学年

〔場面〕 5年生の3学期に毎日5分間の教室での読み聞かせで。

〔ひとこと〕 この本をきっかけに教室や家庭の「ジェンダーフリー」を考えてみてはいかがでしょう。

あるひあひるが あるいていると

二宮由紀子作、高畠純絵 理論社 2007.7
77p 21×16cm（あいうえおパラダイス
あ）1000円①978-4-652-00291-9

〔内容〕「あ」がつくコトバだけで、お
話を書いてみたら…にほんごって、こ
んなにおもしろい。ナンセンス作家・
二宮由紀子による5つのお話。

〔推薦者〕学校司書

〔対象〕全学年

〔場面〕学校図書館司書として図書館
の時間に読んだ

〔ひとこと〕言葉遊びの本です。9冊全
て画家が違うので、絵も一緒に楽しみ
ながら子どもたちと声に出して読みた
いシリーズです。

アンガスとねこ

マージョリー・フラック作・絵、瀬田
貞二訳 福音館書店 1991.2.15 1冊 18×
26cm（世界傑作絵本シリーズ-アメリ
カの絵本）854円①4-8340-0340-X

〔推薦者〕公共図書館スタッフ

〔対象〕低学年

〔場面〕学校での読み聞かせの時間。

〔ひとこと〕アンガスとねこが少しず
つ仲良くなっていく所が楽しい。

アンジュール （ある犬の物語）

ガブリエル・バンサン作 ブックロー
ン出版 1986.5 57p 19×27cm 1300円①
4-89238-957-9

〔内容〕絵本の原点 感動の一冊

〔推薦者〕大学非常勤講師

〔対象〕中学年

〔場面〕字の無い絵本の読み聞かせ。

〔ひとこと〕捨てられた一匹の犬のさ
すらう姿がせつない。最後の出会いを
飼い主が戻ってきたと勘違いする子も
多いが訂正は特にしない。

アンナの赤いオーバー

ハリエット・ジィーフェルト文、アニ
タ・ローベル絵、松川真弓訳 評論社
1990.12 1冊 27×20cm（児童図書館・
絵本の部屋）1100円①4-566-00288-8

〔内容〕戦争が終わったら、アンナは、
新しいオーバーを買ってもらうことに
なっていました。戦争は終わりました。
でも、お店はからっぽです。オーバー
も、食べ物もなんにもありません。ア
ンナのオーバーを手に入れるために、
お母さんは、どうしたのでしょうか。

〔推薦者〕学校司書

〔対象〕高学年

〔**場面**〕学校図書館司書として図書館
の時間に読んだ

〔**ひとこと**〕物があふれている現代の
子どもたちにはなかなか実感できない
物語ですが、だからこそ読んであげた
い一冊です。

──────【 い 】──────

いいからいいから

長谷川義史作 絵本館 2006.10 1冊 29
×22cm 1200円①4-87110-161-4

〔**内容**〕あるひのゆうがた。かみな
りがゴロゴロなった。ぴかっとひ
かって、ドーンといった。きがつく
と、めのまえにかみなりのおやこが
すわってた。おじいちゃんがいった。
「いいから、いいから。せっかくきて
くださったんじゃ。ゆっくりしてく
ださい」ぼくもいった。「ごゆっくり、
ごゆっくり」─「いいから いいから」
このおじいちゃんのおおらかさ。肩
のちからがぬけていきます。ゆたか
な笑顔が生まれる絵本。

〔**推薦者**〕図書館指導員

〔**対象**〕低学年

〔**場面**〕図書の授業始めにじゅうたん
の敷いてある場所で。

石をとらえたお役人

チャミジョン文、ハンチャンス絵、か
みやにじ訳 少年写真新聞社 2006.7.10
1冊 26×26cm 1600円①4-87981-219-6

〔**内容**〕あきんどから絹をぬすんだの
は石ほとけ！？かしこいお役人の奇想
天外な犯人探し。文化解説・ハングル
原文付。

〔**推薦者**〕教員・学校司書

〔**対象**〕中学年

〔**場面**〕担任、学校司書 昔話を楽しむ
学習と関連してもよい。

〔**ひとこと**〕韓国の昔話。

いじわるブッチー

バーバラ・ボットナー文、ペギー・ラ
スマン絵、東春見訳 徳間書店 1994.5
1冊 29×23cm 1300円①4-19-860103-8

〔**内容**〕ブッチーはいじわるだから、
いっしょにあそびたくないの。でもマ
マは、「いろんなひととおともだちに
ならなきゃだめよ」っていうの。そこ
で、あたしは、さくせんをたてた…。
5さい〜。

〔**推薦者**〕司書教諭

〔**対象**〕低学年

〔**場面**〕図書の授業。

〔**ひとこと**〕「友だちと仲良くすること」

子どもの心を動かす読み聞かせの本とは　85

と、親は簡単に言うけれども、そんなに簡単な事じゃない。その子どもの気持ちを代弁しているような絵本。

いたずらきかんしゃ ちゅうちゅう

バージニア・リー・バートンぶん え、むらおかはなこやく　福音館書店 1961.8（86刷：1995.10）1冊 31cm（世界傑作絵本シリーズ）971円①4-8340-0004-4

〔推薦者〕学校司書

〔場面〕学校図書館司書として図書館の時間に読んだ

〔対象〕低学年

〔ひとこと〕木炭画の地味な本ですが、ストーリーがしっかりしていて、バートン特有の曲線も子どもたちの心を引き付けると思います。

いただきますの おつきさま

鈴木真実作　講談社 2017.9 1冊 27×22cm（講談社の創作絵本）1400円①978-4-06-133336-9

〔内容〕あるとき、お月さまが落ちてきた！たいへん、たいへん、動物たちがむかったその先には、大きな大

きな…。夜空を見上げるのが楽しくなる、お月さまの絵本。

〔推薦者〕学校司書・絵本専門士

〔対象〕低学年

〔場面〕お月見の季節『バナナのひみつ』と。

〔ひとこと〕季節行事（3類）やお月様（4類）などに広がりとても楽しい絵本です。他の「月」が出てくるお話を紹介します。

1ねん1くみ 1ばんでっかい！！

後藤竜二作、長谷川知子絵、ポプラ社 1999.5 23.5cm x 19cm 62p ①978-4-591-06078-0

〔内容〕みんなの人気者"くろさわくん"が登場する「1ねん1くみ1ばん」シリーズの第15作。くろさわくんがトイレの中から大きな声でしらかわ先生を呼んでいます。

〔推薦者〕小学校教員

〔対象〕低学年

〔場面〕毎日5分間の教室での読み聞かせで。「1ねん1くみ1ばん」シリーズは低学年を担任するたびに必ず取り上げます。

〔ひとこと〕5分の読み聞かせで分けて読むと3回分になります。でもこの本は一気に読んであげたほうがいいかも

しれません。

いちはちじゅうの
もぉくもく

桂文我文、長野ヒデ子絵 BL出版
2019.5 24p A4変 1300円 ①978-4-776-
40838-3

〔**推薦者**〕公共図書館スタッフ

〔**対象**〕中・高学年

〔**場面**〕学校での読み聞かせの時間。

〔**ひとこと**〕字の読み間違いから発展
していくお話しで、爆笑となりました。

いっぽんのせんと
マヌエル

マリア・ホセ・フェラーダ文、パト
リシオ・メナ絵、星野由美訳 偕成社
2017.9 1冊 17×20cm 1300円 ①978-4-
03-202770-9

〔**内容**〕この絵本は、著者のマリアさ
んが、「せん」が好きな自閉症の男の
子マヌエルくんと知り合ったことに
よって生まれました。チリからやって
きた絵本です。日本語版には、文字や
お話の内容の理解の助けとなるピクト
グラム（ことばを絵で表現した絵文
字）がついています。せんをたどった
り、いっしょにピクトグラムを見たり

して、絵本を楽しんでくださいね。3
歳から。

〔**推薦者**〕小学校特別支援教室専門員

〔**対象**〕支援学級／中学年

〔**ひとこと**〕ピクトグラム付き絵本が、
読みやすいという子どもが、かなり
いた。

いつもちこくのおとこ
のこ—ジョン・パト
リック・ノーマン・
マクヘネシー

ジョン・バーニンガム作、たにかわしゅ
んたろう訳 あかね書房 1988.9 1冊 26
×26cm（あかねせかいの本）1400円
①4-251-00517-1

〔**内容**〕「せんせい、ぼくがちこくした
のはとちゅうで、ワニとライオンとた
かしおにおそわれたせいなんです…。」
ジョン・バーニンガムと谷川俊太郎の
コンビでおくる、心すきとおる絵本。
小学初級以上。

〔**推薦者**①〕図書館指導員

〔**対象**〕低学年

〔**場面**〕指導員：1年生学年末の読書の
時間に。

〔**ひとこと**〕遅刻の理由が先生に信じ
てもらえないことが続く男の子に感情
移入した児童から、「ほんとなのにー」

子どもの心を動かす読み聞かせの本とは　87

と声があがった。

〔推薦者②〕学校司書

〔対象〕低・中学年

〔場面〕図書室：図書の時間に。

〔ひとこと〕遅刻の罰に、みんなが驚きの声をあげます。

〔推薦者③〕司書教諭

〔対象〕低学年

〔場面〕朝の時間や授業に入る前など、そのシーンに合わせて忍ばせたいそんな絵本です。1回で読み切って欲しいです。

〔ひとこと〕こんな男の子がいたら楽しいだろうな。心がほわっと温かくなるような絵本です。

いのちのたべもの

中川ひろたか文、加藤休ミ絵 おむすび舎 2017.4 1冊 26×22cm 1400円 ①978-4-9909516-0-3

〔内容〕たべることはいただくこと、いのちをいただくこと。たいせつな「食」のことをつたえる食育絵本。

〔推薦者〕学校司書・絵本専門士

〔対象〕全学年

〔場面〕給食週間 等。

〔ひとこと〕食を考える時に読みます。私たちの体は何で出来ているか問いか

けてから読み始め、読後もう一度同じ質問をします。意識が変わる子も出てきます。地産地消の話と関連付けたり、SDGsの話に持っていったりします。

いもさいばん

きむらゆういち文、たじまゆきひこ絵 講談社 2016.7 1冊 25×27cm（講談社の創作絵本）1500円 ①978-4-06-133295-9

〔内容〕はたけにそだったりっぱなおいも。あるひとつぜんぬすまれた。さて、ほんとうのいもどろぼうは？

〔推薦者〕学校司書

〔対象〕高学年

〔場面〕図書の時間の読み聞かせ。季節に合わせても、考える絵本を読みたい時にも使用できます。

〔ひとこと〕ヒトと動物、どちらが悪者？一方的に善悪をとらえていると答えの見えない、問いのある絵本です。

いやいやえん

中川李枝子著 福音館書店 1962.12 177p 22cm（福音館創作童話シリーズ）1200円 ①4-8340-0010-9

〔推薦者〕司書教諭、ボランティア

〔対象〕低学年

〔場面〕担任教師：教室で、給食時間や隙間時間に読み聞かせ。

〔ひとこと〕しげるくんの行動を、楽しみました。

いるのいないの

京極夏彦作、町田尚子絵、東雅夫編 岩崎書店 2012.2 1冊 29×22cm（怪談えほん）1500円①978-4-265-07953-7

〔内容〕おばあさんの住む古い家でしばらく暮らすことになった。家の暗がりが気になって気になってしかたない。―京極夏彦と町田尚子が腹の底から「こわい」をひきずりだす。

〔推薦者〕学校司書

〔対象〕高学年

〔場面〕図書の時間の読み聞かせ。

〔ひとこと〕どの学年でもそれなりに

「いるのいないの」
京極夏彦作 町田尚子絵 岩崎書店

喜ばれると思いますが、高学年に静かな調子で読み聞かせると、大変効果的です。

いろいろいろのほん

エルヴェ・テュレ作、たにかわしゅんたろう訳 ポプラ社 2014.5 1冊 23×23cm 1300円①978-4-591-13979-0

〔内容〕いろがまざって、ながれて、あふれだす！まるまるまるのほんに続くエルヴェ・テュレの新感覚絵本。

〔推薦者〕公共図書館スタッフ

〔対象〕低学年

〔場面〕絵の具遊びの導入として読み聞かせ。

〔ひとこと〕本当に絵具で遊んでいるように見えて楽しめる。

いわしくん

菅原たくや著 文化出版局 1993.11 1冊 27cm 1300円①4-579-40338-X

〔推薦者〕学校司書

〔対象〕低学年

〔場面〕お昼休みの読み聞かせで。

〔ひとこと〕デザインも爽やかないわしくんに同化する子がいます。

インサイド
アウトサイド

アンヌ＝マルゴ・ラムシュタイン,マティス・アレギ作 ほるぷ出版 2018.10 1冊 35×25cm 2850円 ①978-4-593-10008-8

〔内容〕文字はないけど、発見がある。フランス人アーティストによる想像力を刺激する絵本。

〔推薦者〕図書館司書

〔対象〕中学年

〔ひとこと〕物事には2面性があるということを視覚的に伝えてくれる文字のない絵本。

――――【う】――――

ウエズレーの国

ポール・フライシュマン作、ケビン・ホークス絵、千葉茂樹訳 あすなろ書房 1999.6 33p 25×28cm 1400円 ① 4-7515-1975-1

〔内容〕仲間はずれにされていた少年が、夏休みの自由研究に「自分だけの文明」をつくりだすという壮大な物語。自分だけの作物を育て、自分だけの服を作り、「遊び」を考えだし、「文字」まで発明する。

〔推薦者①〕学校司書

〔対象〕中・高学年

〔場面〕図書の時間の読み聞かせ。夏休み前に使用します。

〔ひとこと〕夏の自由研究という入り口から壮大な物語の広がりに、読み終わった後高学年も「楽しかった」とつぶやいていた作品です。

〔推薦者②〕司書教諭

〔対象〕高学年

〔場面〕朝の時間や授業に入る前など、そのシーンに合わせて忍ばせたいそんな絵本です。1回で読み切って欲しいです。

〔ひとこと〕新しいことを見つけ、それに挑戦する楽しさを教えてくれる絵本。

〔推薦者③〕学校司書

〔対象〕中・高学年

〔場面〕図書室：夏休み前の図書の時間に。教室：読み聞かせボランティアの朝の読み聞かせで。

〔ひとこと〕自分だけの夢の世界を、どんどん作り上げていく主人公のパワーに引き込まれていきます。

〔推薦者④〕司書教諭

〔対象〕中学年

〔場面〕図書の授業。

〔ひとこと〕ほかの人と同じじゃなく
ていい、好きなことを続けていってい
い、そうすればみんなにも伝わる、と
応援してくれるような展開。

ウェン王子とトラ

チェンジャンホン作・絵、平岡敦訳
徳間書店 2007.6 1冊 29×29cm 1900円
①978-4-19-862353-1

〔内容〕昔、猟師に子どもを殺された
母トラが、憎しみのあまり、夜ごと村
をおそうようになった。困りはてた王
に、国の占い師が予言する。王子をト
ラにさしだせば、国に平穏がおとずれ
ると。王は、幼い王子ウェンを森の奥
におきざりにするが…？人間を憎みな
がらも、小さく弱いものを愛する気も
ちを忘れなかった母トラと、強く心や
さしい少年に育ち、人と獣の世界を結
ぶ存在となる王子ウェンの姿を描く、
心ゆさぶる迫力の大型絵本。2005年ド
イツ児童図書賞受賞。

〔推薦者〕司書教諭

〔対象〕高学年

〔ひとこと〕自分とは違うものとの共
存について考えさせられる。

うごいちゃだめ！

エリカ・シルヴァマン文、S.D.シンド

ラー絵、せなあいこ訳 アスラン書房
1996.3 1冊 30cm 1545円 ①4-900656-
14-3

〔推薦者〕司書教諭

〔対象〕低学年

〔場面〕司書教諭：図書の授業の始ま
りに、読み聞かせの時間で。

〔ひとこと〕にぎやかなクラスに、緊
張感を持たせる時に最適。

うごきのことば

五味太郎著 偕成社 1985.11 36p 31cm
言葉図鑑1 1200円①4-03-343010-5

〔内容〕動詞570語収録。ライプチヒ国
際図書デザイン展銅賞受賞。

〔推薦者〕学校司書

〔対象〕全学年

〔場面〕図書の時間では、ページをパ
ラパラ見せながら「こういうことば
の絵本もあるよ」と低学年に紹介。
日本語指導教員が「母国語が日本語
でない児童」に向けて「別教室（相
談室のような学校図書館以外の校内
の部屋）」で読み聞かすなど活用し
たこともある。

〔ひとこと〕シリーズ10巻まであります
す。これは全体への読み聞かせという
よりも、場面欄に記入したように。1
対1での読み聞かせなどでの活用にな
るのかなと思います。

子どもの心を動かす読み聞かせの本とは　91

うし

内田麟太郎詩、高畠純絵 アリス館 2017.7 1冊 27×21cm 1300円 ①978-4-7520-0800-2

〔内容〕うしがうしろをふりかえったら、うしがいた…どんどんふえて、さて、どうなる？！

〔推薦者〕学校司書

〔対象〕高学年

〔場面〕図書担当：図書のオリエンテーション。

〔ひとこと〕読み進めていくうちに子どもの興味がむいてくるのがわかる。

うしはどこでも「モー！」

エレン・スラスキー・ワインスティーン作、ケネス・アンダーソン絵、桂かい枝訳 鈴木出版 2008.12 27p 24×24cm 1400円①978-4-7902-5193-4

〔内容〕なあしってる？イギリスのあひるは、「クワッククワック」ってなくねん。にほんのあひるは…そうそう「ガーガー」ってなくねんなあ。おなじどうぶつでもせかいじゅうでなきかたがちがうんやて。しってた―。

〔推薦者①〕図書館指導員

〔対象〕低学年

〔場面〕指導員・教師：1年生 クラスを楽しませたい時 アイスブレイクとして。

〔ひとこと〕何も指示しなくても、最後は「モ〜！」と大合唱になる。

〔推薦者②〕学校司書

〔対象〕低学年

〔場面〕図書の時間。日本語指導教員が「母国語が日本語でない児童」に向けて読み聞かに活用したこともある。

〔ひとこと〕低学年児童は「おもしろかった」という感想が多いが、高学年になると「言葉の違い」や「外国語活動」などを学ぶので、むしろ「同じ表現」を取り扱った絵本を新鮮に感じるようである。

うそ

中川ひろたか作、ミロコマチコ絵 金の星社 2014.6 1冊 25×22cm はじめてのテツガク絵本 1300円①978-4-323-07279-1

〔内容〕うそをつくのはいけないことだけど、うそをついてないひとなんているのかなあ？

〔推薦者〕司書教諭、個人文庫主宰

〔場面〕うそについて考えさせる時（道徳の時間など）に読み聞かせをした。

〔ひとこと〕うそって何かを考えさせる上で、わかりやすく描かれている

絵本。

うそだあ！

サトシン作、山村浩二絵 文渓堂
2014.10 1冊 27×22cm 1300円 ①978-4-
7999-0070-3

〔**内容**〕おなかがすいてバナナをたべ
ようとおもったらね…ありえない？そ
んなわけない？うそだあ！！そんなは
なしがつぎつぎにおこる？！

〔**推薦者①**〕学校司書・絵本専門士

〔**対象**〕低学年

〔**場面**〕特に時期を選ばず。

〔**ひとこと**〕作者が新潟在住の話をし
ます。『バナナのはなし』とセットで
読みます。嘘なのか本当なのか？と読
後大騒ぎになる場合あります。給食で
バナナが出た時は思い出すようです。

〔**推薦者②**〕公共図書館館長（現）・学
校司書（前）

〔**対象**〕低学年

〔**場面**〕ボランティア：読書週間中の
特別おはなし会。

〔**ひとこと**〕みんなでこえを揃えて、「う
そだあ！」。

宇宙のみなしご

森絵都著、講談社 1994.11.10 205p
19cm（B6）1262円①4-06-207334-X

〔**内容**〕真夜中の屋根のぼりは、陽子・
リン姉弟のとっておきの秘密の遊び
だった。やがて、思いがけない仲間が
くわわって…

〔**推薦者**〕小学校教員

〔**対象**〕高学年

〔**場面**〕毎日5分間の教室での読み聞か
せ。

〔**ひとこと**〕子どもたちにいつでもき
らきら輝いていてほしいとき、おすす
めの本です。

うどん対ラーメン

田中六大作 講談社 2016.3 1冊 26cm
（講談社の創作絵本）1000円①978-4-
06-133284-3

〔**内容**〕ある日、うどんの家に、ラー
メンから挑戦状が届いた。うどんの闘
志は静かに燃え上がり、頭からは湯気
が出た。そして、ついに戦いの鍋ぶた、
ではなく火ぶたは切って落とされる。
戦いの地平に見えた、あまりにもバカ
バカしい衝撃の結末とは！？

〔**推薦者**〕学校司書

〔**対象**〕全学年

〔場面〕図書の時間。

〔ひとこと〕非常にユーモラスで、話のテンポがよいので、どんな時でも、どんな学年にでもうけます。

うまかたやまんば

おざわとしお再話、赤羽末吉画 福音館書店 1988.10 31p 22×25cm（日本傑作絵本シリーズ）1000円①4-8340-0809-6

〔推薦者〕学校司書

〔対象〕2年生

〔場面〕「図書の時間」（週一回、国語からの授業時間）の読み聞かせ。

〔ひとこと〕想像が難しい場面も絵が語ってくれることで十分理解できます。

うまれたよ！ オタマジャクシ

関慎太郎写真、小杉みのり構成・文 岩崎書店 2011.3 1冊 29×25cm（よみきかせいきものしゃしんえほん）2200円①978-4-265-02042-3

〔推薦者〕図書館司書

〔対象〕幼児～高学年

〔場面〕図書館司書：公共図書館のおはなし会／ボランティア：学校の朝の

読み聞かせ。

〔ひとこと〕写真に迫力があり、オタマジャクシの生命力を感じる。

うまれたよ！ カタツムリ

武田晋一写真、ボコヤマクリタ構成・文 岩崎書店 2013.10 1冊 29×25cm（よみきかせいきものしゃしんえほん）2200円①978-4-265-02053-9

〔推薦者〕図書館司書

〔対象〕幼児～高学年

〔場面〕図書館司書：公共図書館のおはなし会／ボランティア：学校の朝の読み聞かせ。

〔ひとこと〕カタツムリのあかちゃんが殻を浮袋にして泳ぐ、衝撃の写真あり。

うれしいさん かなしいさん

まつおかきょうこさく・え 東京子ども図書館 2012.9 1冊（ページ付なし）22cm 1000円①978-4-88569-212-3

〔推薦者〕学校司書

〔対象〕低学年

〔場面〕図書館担当：図書の時間の読

み聞かせ。

〔ひとこと〕言葉にリズムがあるので、途中から子どもたちも一緒に声を出して楽しく読める。

うんちっち

ステファニー・ブレイク作、ふしみみさを訳 あすなろ書房 2011.11 30p 28×23cm 1200円 ①978-4-7515-2547-0

〔内容〕うさぎのこが、いうことばは、ただひとつ。いつでもどこでもうんちっち。それがあるとき…子どもたちに大人気！フランスのロングセラー絵本。

〔推薦者〕学校司書

〔対象〕低・中学年

〔場面〕図書の時間。

〔ひとこと〕単純に楽しい時間を読み聞かせで共有したいとき、これがあれば間違いなし。以前、中学校司書勤務時代、中3家庭科授業で中3男子が幼稚園児へ読み聞かせした時の一番人気の絵本でした（園児だけでなく3年生にも大人気でした。）

――――【え】――――

エパミナンダス

東京子ども図書館編 東京子ども図書館 2018.12 47p 15cm おはなしのろうそく (1) 収録 500円 ①978-4-88569-100-3

〔推薦者〕学校司書

〔対象〕4年生

〔場面〕「図書の時間」（週一回、国語からの授業時間）の読み聞かせ。

〔ひとこと〕文句なしに全学年にうける話です。声に出すための文章は安心して聞かせられます。

エリザベスは本の虫

サラ・スチュワート文、デイビッド・スモール絵、福本友美子訳 アスラン書房 2003.10 1冊 28×22cm 1600円 ①4-900656-35-6

〔内容〕エリザベスは、ものごころついたときから、本のとりこ。ままごとあそびやローラースケートなんか見向きもしないで、ひたすら本を読んですごします。読んで、読んで、読みふけった本の数々…大人になって気づいたときには、エリザベスの家の中は、どこもかしこも本だらけ。本の山はてんじょうにとどき、ドアもふさがれてしまいます。いったい、どうしたらいい

でしょう？ためらうことなく、エリザベスがとった行動とは？リズミカルな文章と繊細なタッチの水彩画で、いつの世にも変わらぬ読書の喜びをユーモラスに描いた絵本。

〔推薦者〕学校司書・絵本専門士

〔対象〕4〜6年

〔場面〕読書週間キャリア教育の時（司書について）。

〔ひとこと〕カバーの中と外で絵が違うので、読む前に児童の前で外します。学校司書からおすすめの本として紹介します。司書の仕事についても話します。

エルマーのぼうけん

ルース・スタイルス・ガネット作、ルース・クリスマン・ガネット絵、わたなべしげお訳 福音館書店 1997.5 116p 19cm 619円①4-8340-1441-X

〔内容〕ゆうかんな男の子エルマーは、としとったのらねこからどうぶつ島にとらえられているかわいそうなりゅうの子の話をききました。そこでエルマーは助けに出かけ、うまいけいりゃくでどうぶつたちの手から、ぶじりゅうをすくい出しました。

〔推薦者①〕司書教諭

〔対象〕中学年

〔場面〕親として：娘に夜寝る前に読

んだ。

〔推薦者②〕司書教諭、ボランティア

〔対象〕低学年

〔場面〕担任教師：給食時間や隙間時間に読み聞かせ。

〔ひとこと〕エルマー少年の知恵を働かせて困難を切り抜けていくお話を楽しみました。

エンザロ村のかまど

さくまゆみこ文、沢田としき絵 福音館書店 2009.6 39p 26×20cm（たくさんのふしぎ傑作集）1300円①978-4-8340-2449-4

〔内容〕アフリカ・ケニア北西に位置するエンザロ村ではかまどとぞうりが大はやり。日本人の生活の知恵であるこのふたつが、遠くはなれたアフリカの村でなぜ流行しているのでしょう？

〔推薦者〕図書館司書

〔対象〕高学年

〔場面〕司書：国語の時間に行う読み聞かせで。

〔ひとこと〕アフリカの人びとの暮らしが伝わる。

ブックガイド編　　　　　　　　　　　　　　　　おうさ

ります。

——— 【 お 】 ———

おーいでてこーい（ショートショート傑作選）

星新一作、加藤まさし選、あきやまただし絵　講談社　2004.3　260p　18cm（講談社青い鳥文庫）1000円①4-06-274714-6

〔内容〕あなたはショートショートって知っていますか？すごく短くて、ラストには奇想天外などんでん返しのある小説のことです。星新一は、そのショートショートの天才です。生涯に1000編以上も書いた、その作品は、どれもこれもおもしろいのですが、中から14作品を選りすぐりました。すぐ読めて、ながく楽しめる星新一の世界にどうぞハマってください！小学上級から。

〔推薦者〕学校司書

〔対象〕高学年

〔場面〕学校司書：ゴミ問題について学ぶ単元などに合わせて。

〔ひとこと〕ゴミ処理にまつわる深刻さを、寓話のような形で明確に伝える力を持っている本です。"おーいでてこい"という呼びかけの言葉が、読み聞かせの中でも、よいアクセントにな

王さまと九人のきょうだい（中国の民話）

君島久子訳、赤羽末吉絵　岩波書店　1969.11（49刷：1995.11）1冊　26cm　1165円①4-00-110557-8

〔推薦者①〕学校司書

〔対象〕2年生

〔場面〕「図書の時間」（週一回、国語からの授業時間）の読み聞かせ。

〔ひとこと〕ユーモアのある勧善懲悪は安心する展開のようです。個性的な兄弟も人気です。

〔推薦者②〕学校司書

〔対象〕低学年

〔場面〕図書室：昔話の学習に合わせて。

〔ひとこと〕読み聞かせのみでなく、アニマシオンで楽しむこともあります。

王さまライオンのケーキ（はんぶんのはんぶん ばいのばいの おはなし）

マシュー・マケリゴット作・絵、野口

子どもの心を動かす読み聞かせの本とは　　97

絵美訳 徳間書店 2010.4 1冊 26×26cm
1600円①978-4-19-862946-5

〔内容〕アリは、王さまライオンのしょ
くじかいにまねかれました。王さまに
しつれいがあってはいけない…。アリ
は、どきどきしてしょくじかいにむか
いました。でも、ほかの8ぴきのどう
ぶつたちのおぎょうぎはひどいもので
す。しょくじがおわると、王さまライ
オンは、デザートのケーキを「自分の
ぶんをとってまわしなさい」と、とな
りのゾウにわたしました。さて、ゾウ
はケーキを切って、自分のぶんをとり
ましたが…?自分のぶんって、どれく
らい?はんぶんのはんぶん、ばいのば
いがよーくわかる算数がたのしくなる
絵本です。

〔推薦者①〕司書教諭

〔対象〕2年生から

〔場面〕司書教諭：図書の授業の始ま
りに、読み聞かせの時間で。

〔ひとこと〕2年生の掛け算を習った
後に。

〔推薦者②〕司書教諭

〔対象〕低・中学年

〔場面〕図書の授業。

〔ひとこと〕算数で「半分の半分」や「倍
の倍」の感覚がわかるころに読み聞か
せすると楽しい。動物たちの表情も楽
しい。

大あばれ山賊小太郎

那須正幹作、小松良佳絵、偕成社
2002.12 206p 21cm（A5）1200円　①
4-03-540620-1

〔内容〕ときは戦国時代、ところは八
雲の国。八雲の国の領主牛頭入道は、
たいへんな戦ずき。赤岩重太夫という
武将に命じ、小太郎のすむ浜崎村に火
をかけた…桃太郎のような力持ちの少
年小太郎がちゃっかり者の忍者マメ太
や、剣の名手剣之助とともに、おろち
山の山賊をたすけます。小学中級から。

〔推薦者〕小学校教員

〔対象〕中学年

〔場面〕毎日5分間の教室での読み聞か
せで。全部で41回、読み終えるのに3
学期いっぱいかかりました。

〔ひとこと〕この手の本、つまり時代
劇は、子どもたちはなぜかあまり手に
とろうとしません。だからこそ読み聞
かせでとりあげ、主人公といっしょに
ハラハラドキドキの冒険を経験させて
やりたいものです。

オオカミのひみつ
（日本の絵本）

きむらゆういち文、田島征三絵 新版
偕成社 2003.5 1冊 24×28cm 1400円①
4-03-331270-6

〔内容〕だれにだってひみつはあります。きままわがまま、だけどおもいこんだらまっしぐら、こわいものしらずのオオカミにもちょっとばかりかくしておきたいひみつがあるんです。それがなにかは…オオカミのひみつ…なのでないしょです！？しりたいひとはよんでみてね。4歳から。

〔推薦者〕司書教諭、個人文庫主宰

〔場面〕朝の読書の時間で何度か読み聞かせした。

〔ひとこと〕オオカミへの共感を持つことで、友だちへの思いやりの心が育ってくる。

「オオカミのひみつ」
きむらゆういち文　田島征三絵　偕成社

おおきくなりすぎたくま

リンド・ワード著、渡辺茂男訳　ほるぷ出版　1985.1　86p　27cm　1500円　①4-593-56123-X

〔推薦者〕小学校特別支援教室専門員

〔対象〕中・高学年

〔ひとこと〕後半、ドキドキする展開に。子どもたちの心臓の鼓動がきこえてくるようでした。

おおきくなりたいこりすのもぐ

征矢清文、夏目義一絵　福音館書店　2009.4　24p　21×24cm（幼児絵本ふしぎなたねシリーズ）800円　①978-4-8340-2397-8

〔内容〕ひとりで食べものを探しに出かけた子りすのもぐ。おいしいものが見つかると、いっしょうけんめい食べます。「いっぱいたべたから、おおきくなったでしょ」と得意気に問いかける子りすのもぐ。

〔推薦者〕図書館司書、読み聞かせボランティア

〔対象〕幼児〜低学年

〔場面〕図書館司書：おはなし会／ボランティア：病院の個室。

〔ひとこと〕たいてい「なってなーい」と言いだす子がいるのですが、その子が一番うれしそうに見ています。

おおきなおなべと
ちいさいおなべ

石倉ヒロユキえ、二宮由紀子ぶん 福音館書店 2001.8（かがくのとも 2001年8月号）

〔**推薦者**〕図書館司書、読み聞かせボランティア

〔**対象**〕低学年

〔**場面**〕図書館司書：おはなし会／ボランティア：病院のプレイルーム。

〔**ひとこと**〕ままごと好きの女の子が楽しみました。

おおきな木

シェル・シルヴァスタイン著、村上春樹訳 あすなろ書房 2010.9 1冊 23cm 1200円 ①978-4-7515-2540-1

〔**内容**〕成長し、変わっていく少年。それでも、いつでもそこにある木は、少年に惜しみない愛を与え続けた―シルヴァスタインのロングセラー絵本。

〔**推薦者①**〕学校司書

〔**対象**〕高学年

〔**場面**〕図書の時間。卒業前のブックトークや読み聞かせで紹介。

〔**ひとこと**〕1976年に篠崎書林からほんだきんいちろう／やくで出版されている（ISBN 978-4-78410-148-1）日本語訳の好みもあるが、現代の子どもたちには、村上春樹訳が「訳者あとがき」も最後にかいつまんで読んだところ、共感してくれた印象があった。（例：村上訳あとがきより「人の心を本当に打つのは多くの場合、言葉ではうまく説明できないものごとなのです。」など）。

〔**推薦者②**〕司書教諭

〔**対象**〕高学年

〔**場面**〕朝の時間や授業に入る前など、そのシーンに合わせて忍ばせたいそんな絵本です。1回で読み切って欲しいです。

〔**ひとこと**〕常に見守ってくれている大切な存在に、改めて気がついて欲しい1冊。

大どろぼう
ホッツェンプロッツ

オトフリート・プロイスラー著、中村浩三訳 改訂 偕成社 1990.5 184p 22cm （新・世界の子どもの本）900円 ①4-03-608250-7

〔**内容**〕七本の短刀やコショウピストルで武装し、魔法使いが友達の"大どろぼうホッツェンプロッツ"とは？勇敢な二人の少年が大活躍。スリルとユーモアにあふれ、面白さ抜群。小学中級から。国際アンデルセン賞作家賞。

〔**推薦者①**〕司書教諭、ボランティア

〔**対象**〕中学年

〔**場面**〕担任教師：給食時間や隙間時間に読み聞かせ。

〔**ひとこと**〕盗まれた物を取り返そうと、2人の少年がどろぼうを追いかけます。

〔**推薦者②**〕教員・学校司書

〔**対象**〕2,3,4年

〔**場面**〕担任教師：教室で10分程度を連続で。

〔**ひとこと**〕物語展開、登場人物の面白さを堪能できる。

おおはくちょうのそら

手島圭三郎絵・文 絵本塾出版 2015.1 1冊 30cm（北の森の動物たちシリーズ）1700円①978-4-86484-063-7

〔**推薦者**〕学校司書

〔**対象**〕高学年

〔**場面**〕クラスでの読み聞かせで。

〔**ひとこと**〕よく知っているクラスで、落ち着いたタイミングの時でないと読めない一冊です。

おかえし

村山桂子さく、織茂恭子え 福音館書店 1989.9 31p 20×27cm（こどものとも傑作集）650円①4-8340-0482-1

〔**推薦者①**〕学校司書

〔**対象**〕低・中学年

〔**場面**〕図書室：図書の時間に。年間通していつでも読める便利さがあります。

〔**ひとこと**〕「おかえし」の言葉がひとつずつ増えていくのがなんとも楽しい。

〔**推薦者②**〕幼稚園教諭

〔**対象**〕幼児

おかしなゆき ふしぎなこおり

片平孝写真・文 ポプラ社 2012.11 36p 21×27cm（ふしぎいっぱい写真絵本）1200円①978-4-591-13124-4

〔**内容**〕こんなかたち見たことない。おどろきびっくり、雪と氷の世界。幼児～小学生向き。

〔**推薦者①**〕学校司書

〔**対象**〕低学年

〔**場面**〕図書担当：図書の時間の読み聞かせ。

〔ひとこと〕写真絵本でページをめくるたび、歓声があがる。

〔推薦者②〕図書館司書

〔対象〕幼児〜高学年

〔場面〕図書館司書：公共図書館のおはなし会／ボランティア：学校の朝の読み聞かせ。

〔ひとこと〕表紙の写真のインパクトが強くて、子どもたちの興味を引き付ける。

〔推薦者③〕図書館司書

〔対象〕低学年

〔場面〕司書：読書の時間に行っている読み聞かせで。

〔ひとこと〕雪と氷の写真が、いろいろなものに見えて、楽しい写真絵本。

〔推薦者④〕学校司書

〔対象〕全学年

〔場面〕学校図書館司書として図書館の時間に読んだ

〔ひとこと〕雪が降る地域なら実体験として、温かい地方では知識として楽しめます。

おこだでませんように

くすのきしげのり作、石井聖岳絵 小学館 2008.7 1冊 21×24cm 1500円 ①

978-4-09-726329-6

〔内容〕ぼくはいつもおこられる。いえでもがっこうでも…。きのうもおこられたし、きょうもおこられている。きっとあしたもおこられるやろ…。ぼくはどないしたらおこられへんのやろ。ぼくはどないしたらほめてもらえるのやろ。ぼくは…「わるいこ」なんやろか…。ぼくは、しょうがっこうににゅうがくしてからおしえてもらったひらがなで、たなばたさまにおねがいをかいた。ひらがなひとつずつ、こころをこめて…。

〔推薦者①〕図書館指導員

〔対象〕中学年

〔場面〕図書の授業始めにじゅうたんの敷いてある場所で。

〔ひとこと〕七夕に合わせて。

〔推薦者②〕学校司書

〔対象〕中学年

〔場面〕図書の時間。

〔ひとこと〕七夕時期に、教員にも一緒に聞いてもらいたい絵本。主人公の男児の気持ちが「わかるわかる」という子どもたちの心を感じます。

おさる日記

和田誠文、村上康成絵 偕成社 1994.12 1冊 24×19cm 1200円①4-03-435110-1

〔内容〕おとうさんがかえってきたので横浜までむかえにいった。おとうさんはおみやげをぼくにくれた。おさるをくれた。まだちいさいおさるです。

〔推薦者①〕司書教諭

〔対象〕中学年以上

〔場面〕司書教諭：図書の授業の始まりに、読み聞かせの時間で。

〔推薦者②〕学校司書

〔対象〕低・中学年

〔場面〕学校の読み聞かせ会。学年ごとに。

〔ひとこと〕お父さんがくれた「おサル」の成長を書くお兄ちゃんの日記にみんなクスクス。そしてラストの展開に「何？どいうこと」「えーそうなん？」と子どもそれぞれの反応が楽しいです。

おじいちゃんが
おばけになったわけ

キム・フォップス・オーカソン文、エヴァ・エリクソン絵、菱木晃子訳 あすなろ書房 2005.6 31p 27×20cm 1300円①4-7515-2278-7

〔内容〕死んじゃったはずのおじいちゃんが夜になって、エリックのところへやってきました。だけど、なんだかちょっとヘン…。大切だけど、ちいさ

な子には少しむずかしいことを、じいじとのユーモアたっぷりの会話から理解していくエリックの姿が心に沁みるデンマークの絵本。

〔推薦者〕学校司書・絵本専門士

〔対象〕全学年

〔場面〕お盆前敬老の日 前後。

〔ひとこと〕楽しい絵本ですがジーンときます。読んでいる方が涙ぐみそうになります。祖父母を大事にと思ってくれればいいなと。

おじいちゃんは
水のにおいがした

今森光彦著 偕成社 2006.4 60p 27×23cm 1800円①4-03-016400-5

〔内容〕「里山」とよばれる空間をめぐる人と自然との共生の姿を追いつづけてきた写真家・今森光彦。その仕事は、本の形にとどまることなく、本書の映像版ともいえる「映像詩 里山 命めぐる水辺」（NHKスペシャルにて放映）は、人々の深い感動をよびおこし、世界各国で数々のグランプリを受賞した。舞台となったのは、日本の琵琶湖西岸。なつかしいその風景のなかには、私たちの未来への、しずかな願いと提言がきざまれている…。小学中級から大人まで。

〔推薦者〕司書教諭

〔対象〕高学年

〔場面〕朝の時間や授業に入る前など、そのシーンに合わせて忍ばせたいそんな絵本です。1回で読み切って欲しいです。

〔ひとこと〕『さとやまさん』と迷いました。人々の暮らし、景色、自然を温かく伝えてくれます。

おしいれのぼうけん

古田足日著、田畑精一著 童心社 1974.11 77p 27cm（絵本・ぼくたちこどもだ）1200円①4-494-00606-8

〔内容〕ミニカーのとりあいをして保育園のおしいれに入れられたさとしとあきらは、恐ろしいねずみばあさんにおいかけられても、ごめんなさいといわなかった。—日本じゅうの子どもたちを魅了している大冒険絵本。

〔推薦者①〕司書教諭、ボランティア

〔対象〕低学年

〔場面〕担任教師：給食時間に読み聞かせ。

〔ひとこと〕ねずみばあさんのこわさに、どきどきしました。

〔推薦者②〕学校司書

〔対象〕低学年

〔場面〕クラスでの読み聞かせ。

〔ひとこと〕男の子が、一心に見てく

れます。

〔推薦者③〕幼稚園教諭

〔対象〕幼児

おじさんのかさ

佐野洋子作・絵 講談社 1992.5 31p 31cm 1350円①4-06-131880-2

〔推薦者①〕図書館指導員

〔対象〕低学年

〔場面〕担任：1年生 梅雨の時期に。

〔ひとこと〕歌の部分を上手に読むと子どもたちが真似をする。

〔推薦者②〕学校司書

〔対象〕低学年

〔場面〕図書室：梅雨の時期に。教室：読み聞かせボランティアの朝の読み聞かせで。

〔ひとこと〕♪「雨がふったらぴっちょんちょん」の歌にいっしょに声をだす子どもがいたりします。

〔推薦者③〕学校司書

〔対象〕低学年

〔場面〕図書の時間の読み聞かせ。6月梅雨の時期に使用します。

〔ひとこと〕リズムをつけて読むと喜びます。

ブックガイド編　　　　　　　　　　　　　　　おたす

〔推薦者④〕図書館指導員

〔対象〕中学年

〔場面〕図書の授業始めにじゅうたんの敷いてある場所で。

おすしのさかな（しぜんにタッチ！）

川澄健監修 ひさかたチャイルド 2010.5 27p 21×24cm 1000円 Ⓘ978-4-89325-381-1

〔内容〕お皿の上のまぐろも、もとは3mもある巨大な魚。広い海を元気にぐいぐい泳いでいました。あじにイクラ、たこ…。あなたが好きなお寿司は、どんな姿をして、どんなふうに生きていたのでしょう？私たちにとって、食べ物は一番身近な存在。その不思議を楽しく追えば、自然の恵み、命の恵みが見えてきます。楽しく知るうちに、食べ物や命への感謝が生まれてくる絵本です。

〔推薦者①〕特別支援学校 教諭

〔対象〕全学年

〔場面〕学校図書館支援員による本の紹介。

〔ひとこと〕お寿司好きには魅力的。

〔推薦者②〕図書館司書

〔対象〕幼児～高学年

〔場面〕図書館司書：公共図書館のおはなし会／ボランティア：学校の朝の読み聞かせ。

〔ひとこと〕おすしが並ぶページをめくると、その魚が同じ位置に並んでいるのが楽しい。

おたからパン

真珠まりこ作・絵 ひさかたチャイルド 2016.7 1冊 25×22cm 1200円Ⓘ978-4-86549-075-6

〔内容〕そとはぱりぱりなかはふわふわ、かめばかむほどあまくておいしいおたからパン。新たな名作絵本の誕生！！

〔推薦者〕図書館司書

〔対象〕低学年

〔場面〕おはなし会（図書館・定例）。

〔ひとこと〕ちょっと説教くさいけど、人として生きるための大切な道を教えてくれる。

おたすけじぞう

はるくはるるぶん、田中六大え 文芸

子どもの心を動かす読み聞かせの本とは　105

社 2018.6 34p 25cm 1200円 ①978-4-286-19535-3

〔推薦者〕司書教諭

〔対象〕低学年

〔場面〕司書教諭：図書の授業の始まりに、読み聞かせの時間で。

〔ひとこと〕夏休み前に。

おつきさま、こんばんは！

市川里美著 講談社 2011.8 1冊 27×22cm 講談社の創作絵本 1400円①978-4-06-132474-9

〔内容〕日本人形、マトリョーシカ、テディベア…人形たちの、ささやき声がきこえてきます。つきのかがやくふしぎなよるに…。

〔推薦者〕幼稚園教諭

〔対象〕幼児

お月さまってどんなあじ？

ミヒャエル・グレイニェク絵・文、泉千穂子訳 セーラー出版 1995.9.9 1冊 30×21cm 1500円①4-88330-106-0

〔推薦者〕司書教諭、個人文庫主宰

〔場面〕9月の文庫のおはなし会で読み

聞かせている絵本。このあと、いつもお月見だんごを作っている。

〔ひとこと〕動物たちの月を食べようとする姿はとてもかわいい絵本。

おっきょちゃんとかっぱ

長谷川摂子文、降矢奈々絵 福音館書店 1997.8 31p 26cm（「こどものとも」傑作集）800円①4-8340-1464-9

〔推薦者〕小学校特別支援教室専門員

〔対象〕低・中学年

〔ひとこと〕プール開きにあわせて。ファンタジーの世界に入り込めていた。

おっとあぶない

マンロー・リーフ作、わたなべしげお訳 復刊ドットコム 2018.11 65p 23×17cm 1850円①978-4-8354-5595-2

〔内容〕ママたちのお説教より効く絵本！！子どもたちのまわりには危険がいっぱい。「危ないからダメ！」と叱っても、子どもたちは聞きません。この本には悪いお手本となる、たくさんの「まぬけ」たちが登場。「危ないことをすると、どうなるか」ユーモラスな中にも子ども自身が実感できる絵本です。

〔推薦者〕司書教諭

〔対象〕低学年

〔場面〕図書の授業。

〔ひとこと〕生活のきまりを細かく話すよりも、このお話を読んで、自分たちで「おっと あぶない」続篇を作ると楽しい。

おっぱいのひみつ

柳生弦一郎作 福音館書店 1991.3 28p 26×24cm（かがくのとも傑作集）700円①4-8340-1063-5

〔推薦者〕学校司書

〔対象〕3年生

〔場面〕「図書の時間」（週一回、国語からの授業時間）の読み聞かせ。

〔ひとこと〕女子の目が真剣になる話です。

おとうさんがいっぱい

三田村信行作、佐々木マキ画、理論社 1988.10 225p 18cm フォア文庫 B103 470円①4-652-07071-3

〔内容〕これね、ある時突然、全国的に、どのうちでもお父さんが5、6人に増殖するって話なの。それぞれ自分が本物だって主張するので、こまった政府はそこんちの子どもに1人選ばせて、残りは処分するって方法をとるわけ。…いい気になった子どもたちがある日学校から帰ってくると…もう一人の自分がそこにいるの。選ぶ側から、選ばれる側にまわされた時の恐怖…。小学校中・高学年向。

〔推薦者〕小学校教員

〔対象〕中・高学年

〔場面〕毎日5分間の教室での読み聞かせで。5年生の教室で10月に読み聞かせた本で「不思議で怖い」という形容がぴったりの物語です。

〔ひとこと〕3人の〈おなじおとうさん〉を読み分けるのに混乱しないよう、会話文にあらかじめ1、2、3と番号をふっておきました。声色を変えるのではなく、1は右むき、2は左むき、3は正面という具合に読むとよいでしょう。

おとうさんのちず

ユリ・シュルヴィッツ作、さくまゆみこ訳 あすなろ書房 2009.5 32p 26×26cm 1500円①978-4-7515-2521-0

〔内容〕戦争で故郷を追われたぼくたちが命からがらたどりついたのは、夏は暑く、冬は寒い東の国。食料はとぼしく、土をかためた床の上で眠る毎日に、あるとき、おとうさんは…。1枚の世界地図がぼくにくれた魔法の時間。絵本作家シュルヴィッツが子ども時代を語る感動の自伝絵本。2009年コ

ルデコット賞銀賞受賞作。

〔推薦者①〕放課後ディ児童指導員、おはなし、読み聞かせ図書館ボランティア

〔対象〕6年（高学年）

〔場面〕ボランティア：朝の10分、15分の読み聞かせの時間で。

〔ひとこと〕子どもたちが「後ろの写真はだれ？」と聞くので作者の話を少しします。子どもたちは真剣に聞いてくれます。

〔推薦者②〕図書館司書

〔対象〕中学年

〔場面〕司書：読書の時間に行っている読み聞かせで。

〔ひとこと〕戦争で故郷を追われ、食べ物のない時に、お父さんが買ってきたのは地図だった。

〔推薦者③〕司書教諭、個人文庫主宰

〔場面〕本を読むことの大切さを考えたいときによく読み聞かせをした。

〔ひとこと〕おなかをすかせた家族のためにパンを買わないで地図を買ってきたお父さんの行動。

おとなってじぶんでばっかりハンドルをにぎってる

ウィリアム・スタイグ作、木坂涼訳
セーラー出版 1999.3.31 1冊 22×27cm
1500円①4-88330-131-1

〔推薦者〕公共図書館スタッフ

〔対象〕高学年

〔場面〕学校での読み聞かせの時間。

〔ひとこと〕子どもから見た大人のあるあるが滑稽で楽しい。

おにたのぼうし

あまんきみこ著、岩崎ちひろ画 ポプラ社 1969.7 1冊 25cm（おはなし名作絵本）1000円①4-591-00529-1

〔推薦者〕学校司書

〔対象〕全学年

〔場面〕学校図書館司書として図書館の時間に読んだ

〔ひとこと〕節分の季節に必ず読みました。ちひろさんの絵がおにたの悲しみを物語ります。

おにの赤べえ

作：寺村輝夫、絵：和歌山静子、理論社 1997 A5 83p キッズパラダイス 1000円①4-652-00735-3

〔**内容**〕「いいか。人間の村へいったら、なんでもさかさまにしろ。たたかれたら、にこにこわらえ。石をぶつけられたら、ありがとっていうんだ。」「わかった。なんでもさかさまだね。」ちびおには山をこえ、とぶようにあるきつづけました―。おにやてんぐが、今よりも人間のそばにいたころのこと―ゆかいでおかしなむかし話。

〔**推薦者**〕小学校教員

〔**対象**〕低学年

〔**場面**〕毎日5分間の教室での読み聞かせで。

〔**ひとこと**〕「あはは」と笑ってあたたかい気持ちになりたい、そんなときにおすすめの本です。

オニのサラリーマン

富安陽子文、大島妙子絵 福音館書店 2015.10 36p 26×27cm（日本傑作絵本シリーズ）1400円①978-4-8340-8200-5

〔**推薦者**〕学校司書

〔**対象**〕高学年

〔**場面**〕図書館担当：節分を前に。卒業前の読み聞かせ。

〔**ひとこと**〕6年生ともなると、サラリーマンの苦労などがわかるらしく、予想以上に楽しんでいました。

おひさまいろのきもの

広野多珂子作・絵 福音館書店 2007.9 35p 27×30cm（日本傑作絵本シリーズ）1500円①978-4-8340-2293-3

〔**推薦者**〕司書教諭

〔**対象**〕中学年以上

〔**場面**〕司書教諭：図書の授業の始まりに、読み聞かせの時間で。

おひさまとおつきさまのけんか

せなけいこ作・絵 ポプラ社 2003.7 26p 21×21cm 880円①4-591-07770-5

〔**内容**〕はじまりはちいさなことだったのに…？きみはどうおもう？おひさまとおつきさまのけんか。

〔**推薦者**〕学校司書・絵本専門士

〔**対象**〕低学年

〔**場面**〕8月道徳の授業の時。

〔**ひとこと**〕些細な事から起きる諍い。それが大きな問題に発展することもある。戦争を考える最初の本。

おひさまパン

エリサ・クレヴェン作絵、江国香織訳
金の星社 2003.7 1冊 26×26cm 1300円
①4-323-07024-1

〔内容〕おひさまがかくれてしまい、さむくてくらいまち。「それならわたしがとくべつなパンをやきましょう」と、パンやさんがきじをこねはじめると、おひさまパンはふくらんでふくらんで、そしてもっとふくらんで…。

〔推薦者〕司書教諭

〔対象〕低学年

〔場面〕担任教師：日々の読み聞かせで。

おひゃくしょうと えんまさま

君島久子再話、佐藤忠良画 福音館書店 2011.4 27p 26cm（「こどものとも」人気作家のかくれた名作10選）800円
①978-4-8340-2644-3

〔推薦者〕学校司書

〔対象〕低・中学年

〔場面〕図書の時間の読み聞かせ。秋の作物の話や、収穫の時期に使用します。

〔ひとこと〕予測を立てながら読み進めていけるのが楽しいです。

おべんとう

小西英子作 福音館書店 2012.2 23p 22×21cm（幼児絵本シリーズ）800円①
978-4-8340-2705-1

〔内容〕ごはんにミートボール、卵焼き…おかずを詰めておいしいお弁当のできあがり。

〔推薦者〕学校司書

〔対象〕低・中学年

〔場面〕図書の時間。校外学習でお弁当を持参する行事の後先などに。

〔ひとこと〕ビッグブックで紹介した時は、自分の好みも児童たちが各自（小さな声で）言いながら聞いてくれました。写真と見間違うほどのおいしそうな絵に子どもたちの目が釘づけ。

おまえうまそうだな

宮西達也作・絵 ポプラ社 2003.3 1冊 27×22cm（絵本の時間）1200円①
4-591-07643-1

〔推薦者〕司書教諭

〔対象〕低学年

〔場面〕担任教師：日々の読み聞かせで。

ブックガイド編　　　　　　　　　　　　　　　　おもち

おまたせクッキー

パット・ハッチンス作、乾侑美子訳
偕成社 1987.8 1冊 21×26cm 980円①
4-03-202400-6

〔**内容**〕おやつにクッキーをたべよう
とすると、げんかんのベルがなり、友
だちが遊びにきました。またたべよう
とすると、ベルがなり、つぎつぎに友
だちがふえていって…いつになったら
クッキーがたべられるかな？

〔**推薦者**〕小学校特別支援教室専門員

〔**対象**〕支援学級

〔**ひとこと**〕「ピンポーン」という音が
連続してでてきて、支援学級の子ども
たちは大喜び。

おむすびさんちの
たうえのひ

かがくいひろし作・絵 PHP研究所
2007.5 1冊（ページ付なし）26cm（わ
たしのえほん）1200円①978-4-569-
68685-1

〔**推薦者**〕学校司書

〔**対象**〕低学年

〔**場面**〕図書館担当：図書の時間の読
み聞かせ。

〔**ひとこと**〕言葉にリズムがあるので、
途中から子どもたちも一緒に声を出し

て楽しく読める。

おもちのきもち

かがくいひろし作・絵 講談社 2005.12
24p 27×22cm（講談社の創作絵本）
1500円①4-06-132323-7

〔**内容**〕おもちだって、いろいろなや
みがあるんです。

〔**推薦者**〕学校司書

〔**対象**〕低学年

〔**場面**〕クラスでの読み聞かせ。

〔**ひとこと**〕不思議な雰囲気のおもち
のイラストに釘付けです。

おもち一つでだんまり
くらべ

大川悦生作、二俣英五郎：絵 ポプラ
社 1984.10 980円①978-4-59101-673-2

〔**推薦者**〕司書教諭

〔**対象**〕低学年

〔**場面**〕司書教諭：図書の授業の始ま
りに、読み聞かせの時間で。

子どもの心を動かす読み聞かせの本とは　111

おれがあいつで
あいつがおれで

山中恒著、理論社 1998.7 225p 19cm（B6）山中恒よみもの文庫〈11〉1300円①4-652-02161-5

〔内容〕おれの体に女の子の心が飛びこみ、女の子の体の中におれの心が入りこんだ。究極のボーイミーツガール。

〔推薦者〕小学校教員

〔対象〕高学年

〔場面〕6年生にもちあがったクラスの毎日5分間の教室での読み聞かせで。

〔ひとこと〕映画「転校生」（大林宣彦監督）の原作です。映像として見て楽しむ面白さもありましょうが、挿絵もまったくない活字だけの世界にハマり、あれこれ想像しながら読む楽しさも知ってほしいと思い、とりあげました。

オレ・ダレ

越野民雄文、高畠純絵 講談社 2002.12 1冊 27×21cm（講談社の創作絵本）1600円①4-06-132266-4

〔内容〕夜になったら、でかけてみよう。たのしい仲間が、たくさん待っている…。

〔推薦者〕学校司書

〔対象〕低・中学年

〔場面〕図書の時間。校外学習動物園の前などに。

〔ひとこと〕影絵で動物を表現しているが、難しい影絵ではないので、楽しめる。最後に各ページの答え（動物の名前）が載っているがこれもきちんと読み聞かせる。同じシリーズで『ダレ・ダレ・ダレダ』（ISBN 978-4-06132-449-7）もある。

おれはねこだぜ

佐野洋子著 講談社 2005.9 39p 22cm 1000円①4-06-131897-7

〔推薦者〕放課後ディ児童指導員、おはなし、読み聞かせ図書館ボランティア

〔対象〕中・高学年

〔場面〕ボランティア：朝の10分、15分の読み聞かせの時間で。

〔ひとこと〕読んでいる時に子どもたちの中からいろいろな声が聞こえてきます。こんなナンセンスを楽しめる子どもたちいいですね。

―――【か】―――

かいじゅうじまの
なつやすみ

風木一人作、早川純子絵 ポプラ社 2006.7 1冊 24×26cm 絵本カーニバル〈10〉 1200円①4-591-09327-1

〔推薦者〕司書教諭、個人文庫主宰

〔場面〕8月の文庫のおはなし会で読み聞かせている絵本。

〔ひとこと〕人間の子どもたちのためにがんばっているかいじゅうたちの健気な姿がおもしろい。

かいじゅうたちのいる
ところ

モーリス・センダック著、じんぐうてるお訳 冨山房 1975.12 1冊 24×26cm 1400円①4-572-00215-0

〔推薦者〕学校司書

〔対象〕低学年

〔場面〕図書室：図書の時間で。年間通していつでも読める。

かえるをのんだ
ととさん
（日本の昔話）

日野十成再話、斎藤隆夫絵 福音館書店 2008.1 31p 20×27cm（こどものとも絵本） 800円①978-4-8340-2305-3

〔推薦者①〕学校司書

〔対象〕低学年

〔場面〕図書室：節分のころに季節の本の読み聞かせで。

〔ひとこと〕繰り返しがリズミカルでテンポ良い本です。

〔推薦者②〕司書教諭

〔対象〕低学年

〔場面〕司書教諭：図書の授業の始まりに、読み聞かせの時間で。

〔ひとこと〕節分の定番。

〔推薦者③〕図書館司書

〔対象〕低学年

〔場面〕司書：読書の時間に行ってい

「かえるをのんだととさん」
日野十成再話、斎藤隆夫絵 福音館書店

る読み聞かせで。

〔ひとこと〕ととさんとかかさんのユーモラスな表情が話を楽しく盛り上げてくれる。

かえるふくしま

矢内靖史写真・文 ポプラ社 2016.2
40p 27×22cm 1500円 ①978-4-591-14812-9

〔内容〕カエルの目にこの世は、どのように映っているのだろうか。原発事故から5年。カエルを通して描かれた福島からのメッセージ。

〔推薦者〕学校司書

〔対象〕全学年

〔場面〕図書の時間の読み聞かせ。3.11東日本大震災を忘れないために、と3月に使用しています。

〔ひとこと〕学年を問わず真剣に耳を傾けます。

カクレンボ・ジャクソン

デイヴィッド・ルーカス著、なかがわちひろ訳 偕成社 2005.6 25p 31×23cm 1300円 ①4-03-201520-1

〔内容〕絵本の主人公なら、いちばんめだつように描いてあるはず。ところが、この本はちがいます。なぜな

らカクレンボ・ジャクソンは、とても、はずかしがりやで、読者にさえ気づかれないようにと、背景にかくれてしまうから。繊細で、感じやすいカクレンボくんは、心のなかに、美しいものへのあこがれを育てていました。そのあこがれが彼を導いてくれたのは、さて、どんな人生だったでしょう…? 3歳から。

〔推薦者〕司書教諭

〔対象〕1年生

〔場面〕図書の授業。

〔ひとこと〕はずかしがりやのジャクソンを絵の中から見つけるのが楽しい。

かさ

太田大八著 文研出版 2005.6 27p 27cm 1100円①4-580-81533-5

〔推薦者〕大学非常勤講師

〔対象〕低学年

〔場面〕字の無い絵本の読み聞かせ。

〔ひとこと〕ページをめくるたびに女の子のもつ傘だけが色づいていて、すぐに見つけられる。どこへ、何しにいくのかとひきつけられる。

かさどろぼう

シビル・ウェッタシンハ作・絵、猪熊
葉子訳 徳間書店 2007.5 1冊 31×22cm
1400円①978-4-19-862337-1

〔内容〕まだ、かさのない村から、生
まれてはじめて町へでかけたキリ・
ママおじさんは、「なんてきれいで、
べんりなものだろう」と、よろこん
でかさを買って帰りました。ところ
が、村に帰って、お店でコーヒーを
飲んでいるうちに、かさは、だれか
にぬすまれてしまいました。何度か
さを買って帰っても、ぜんぶぬすま
れてしまったおじさんは、どろぼう
をつかまえてやろうと思い…？スリ
ランカを代表する絵本作家が、小さ
な村を舞台にのびのびと描く、ユー
モラスで楽しいお話です。

〔推薦者〕放課後ディ児童指導員、
おはなし、読み聞かせ図書館ボラン
ティア

〔対象〕中・高学年

〔場面〕ボランティア：朝の10分、15
分の読み聞かせの時間で。

〔ひとこと〕どこの学校でも、子ども
たちがこの絵本を楽しんでくれます。
最後が特に読み手も子どもと一緒に
楽しめます。ついにんまりしてしま
います。

かずあそび
ウラパン・オコサ

谷川晃一作 童心社 1999.2 1冊 26cm
（絵本・こどものひろば）1300円①
4-494-00885-0

〔内容〕かずに興味をもった子に、ふ
しぎなことばでかずあそび。「一つが
ウラパン、二つがオコサ、三つがオコ
サ・ウラパン」とかぞえる話。

〔推薦者〕放課後ディ児童指導員、
おはなし、読み聞かせ図書館ボラン
ティア

〔対象〕低学年

〔場面〕ボランティア：朝の10分、15
分の読み聞かせの時間で。

〔ひとこと〕おまけの絵本。参加型ク
ラスによってすぐに数えだすクラスと
そうでないクラスがあります。のった
クラスは数え切れないページも一生懸
命数えてくれます。

風をつかまえた
ウィリアム

ウィリアム・カムクワンバ，ブライア
ン・ミーラー文、エリザベス・ズー
ノン絵、さくまゆみこ訳 さ・え・ら
書房 2012.10 1冊 29×24cm 1400円①
978-4-378-04134-6

子どもの心を動かす読み聞かせの本とは　115

〔**内容**〕アフリカのもっとも貧しい国のひとつマラウィでは、2001年、雨が降らず主要な農産物であるトウモロコシが育たなかった。農村にくらす14歳の少年ウィリアム・カムクワンバは家にお金がなくなったので、学校をやめなくてはならなかった。ウィリアムは、近くの図書館で科学の本に出会い、英文を一つずつ読み解いて内容が理解できたとき、自分で風車をつくろうと決心した。そして、ゴミ捨て場から拾ってきたものをつなぎ合わせて、きちんと動く風車をつくりあげた。そのおかげで自分の家に明かりがつくようになり、後には風車で水をくみあげることができるようになった。このことがラジオやインターネットで報道され、評判になると、ウィリアムは学校にもどれることになり、さらにアメリカの大学で学ぶことになった。いまは、再生可能エネルギーをつかって、村のために発電やかんがい装置をつくろうと計画している。何かを実現したいと思ったら、まず始めること、そして決してあきらめないこと…それがウィリアムの信念だ。

〔**推薦者**〕図書館司書

〔**対象**〕高学年

〔**場面**〕司書：『風をつかまえた少年』（文藝春秋社）と合わせてブックトークで紹介。

〔**ひとこと**〕貧しくて学校に通えないので、図書館で沢山の本を読み、不用品を利用して風力発電機を作ったウィ

リアムのお話。絵がはっきりしているので、読み聞かせに適している。

かぜのでんわ

いもとようこ作・絵　金の星社　2014.2
1冊　24×25cm　1400円　①978-4-323-02451-6

〔**内容**〕やまのうえに1だいのでんわがおいてあります。きょうもだれかがやってきました。せんのつながっていないそのでんわではなしをするために。

〔**推薦者①**〕小学校特別支援教室専門員

〔**対象**〕全学年

〔**ひとこと**〕東日本大震災を風化させないために。

〔**推薦者②**〕学校司書

〔**対象**〕中・高学年

〔**場面**〕図書の時間。3.11にちなんで、3学期の読み聞かせ。

〔**ひとこと**〕岩手県大槌町に東日本大震災のあと設置された風の電話ボックスがモデル。亡くなった人に会いたいけれど会えない残された人々の想いを深く考えさせてくれる絵本。

かぞえうたのほん

岸田衿子著、スズキコージ画 福音館書店 2004.9 1冊 29×22cm（日本傑作絵本シリーズ）1100円 ① 4-8340-1043-0

〔推薦者〕図書館司書、読み聞かせボランティア

〔対象〕中学年以上

〔場面〕図書館司書：おはなし会／ボランティア：小学校の朝の読み聞かせ。

〔ひとこと〕「へんなひとかぞえうた」「ひのたまかぞえうた」など息抜きに一緒に唱和します。

かちかちやま

おざわとしお再話、赤羽末吉画 福音館書店 1988.4 32p 22×25cm（日本傑作絵本シリーズ）1000円 ① 4-8340-0769-3

〔推薦者〕学校司書

〔対象〕2年生

〔場面〕図書の時間。（週一回、国語からの授業時間）の読み聞かせ。

〔ひとこと〕たぬきに同情も寄せられますが、概ね因果応報ですっきりするようです。

かないくん

谷川俊太郎作、松本大洋絵、糸井重里企画・監修 東京糸井重里事務所 2014.1 1冊（ページ付なし）27cm（ほぼにちの絵本）1600円 ① 978-4-86501-107-4

〔推薦者〕司書教諭

〔対象〕高学年

〔場面〕朝の時間や授業に入る前など、そのシーンに合わせて忍ばせたいそんな絵本です。1回で読み切って欲しいです。

〔ひとこと〕昨日までそばにいた友人が突然いなくなってしまう。しっかり向き合わせたい絵本。

かぶとむしはどこ？

松岡達英 福音館書店 1990.5 27p 26×24cm（かがくのとも傑作集）700円 ① 4-8340-1022-8

〔推薦者〕ボランティア

〔対象〕全学年

〔場面〕学校でのお話会、学童など。

〔ひとこと〕カブトムシが成虫になって空へ飛び立つ場面で、歓声がおきる。クワガタとの戦いも食い入るように見ている。

がぶりもぐもぐ！

ミック・マニングとブリタ・グランストローム作、藤田千枝訳 岩波書店 1999.6 31p 22×29cm（大型絵本）1600円①4-00-116208-3

〔推薦者〕学校司書

〔対象〕低・中学年

〔場面〕図書の時間の読み聞かせに。

〔ひとこと〕次はなんだろう？と思わせるので、子どもたちの興味をよくひきます。絵柄の力で、それほど残酷さは感じさせず、食物連鎖について伝えることができます。

かまきりのちょん

得田之久作・絵 特製版 福音館書店 2013.4 27p 20×27cm（こどものとも絵本）800円①978-4-8340-0677-3

〔内容〕かまきりのちょんをとおして描く虫たちの世界。

〔推薦者〕図書館司書、読み聞かせボランティア

〔対象〕低学年

〔場面〕図書館司書：おはなし会／ボランティア：特別支援学級。

〔ひとこと〕絵に余分な線がなく見やすいのと、ちょんにしっかりついていけるのでじっと見ています。

かようびのよる

デヴィッド・ウィーズナー作・絵、当麻ゆか訳 徳間書店 2000.5 1冊 24×27cm 1400円①4-19-861191-2

〔内容〕それは、とある火曜日の晩のことだった。あたりがすっかり暗くなったころ、町外れの池から、蓮の葉に乗ったカエルたちが飛びたって…。日米両国で高い評価を受け、以前ベネッセコーポレーションから刊行されていた傑作絵本。コール・デコット賞、絵本にっぽん賞特別賞受賞。

〔推薦者〕大学非常勤講師

〔対象〕中・高学年

〔ひとこと〕リアルな絵が映画を見ているよう。火曜日の夜から起こる不思議な出来事。空飛ぶカエルたちのいたずらが小気味よい。

からすたろう

八島太郎作絵 偕成社 1979.5 35 31cm×24cm 1944円①978-4-03-960040-0

〔推薦者〕司書教諭、個人文庫主宰

〔対象〕高学年

〔場面〕小学校の6年生の卒業間近に読んであげた絵本。

〔ひとこと〕カラスの鳴き真似が得意な子どもの個性を見抜いた磯部先生のお話。

ブックガイド編　　　　　　　　　　　　　きおう

からすのパンやさん

加古里子著　偕成社　1973.9　1冊　26cm
（かこさとしおはなしのほん）1000円
①4-03-206070-3

〔内容〕泉が森の黒文字3丁目のかどに
からすのパン屋さんがありました。そ
のパン屋さんは子どもたちの意見をき
いて、面白くてすてきなパンをどっさ
り焼きました。子どもたちは大喜び。
暗いうちからお店にでかけます。大人
たちも何事かとかけだします。おかげ
でパン屋の店の前で大騒動が…。4才
〜7才むき。

〔推薦者〕図書館指導員

〔対象〕低学年

〔場面〕図書の授業始めにじゅうたん
の敷いてある場所で。

カレーのひみつ

中山章子監修・料理、古島万理子写真
ひさかたチャイルド　2009.5　27p　21×
24cm（しぜんにタッチ！）1000円①
978-4-89325-072-8

〔内容〕なぜからいの？なぜおいしい
の？幼児〜小学校低学年向き。

〔推薦者〕図書館司書

〔対象〕幼児〜高学年

〔場面〕図書館司書：公共図書館のお
はなし会／ボランティア：学校の朝の

読み聞かせ。

〔ひとこと〕スパイスをまとめて、ルー
ができる過程が面白い。

かわ

加古里子著　福音館書店　1966.9　27p　19
×26cm（こどものとも傑作集）743円
①4-8340-0067-2

〔内容〕サンケイ児童出版文化賞大賞
作品。4才〜小学校初級むき。

〔推薦者〕特別支援学校　教諭

〔対象〕高学年

〔場面〕水道局が行っている「水道キャ
ラバン」の事前学習に使用。

〔ひとこと〕難しいが、わかりやすい。

─────【き】─────

木を植えた男

ジャン・ジオノ原作、フレデリッ
ク・バック絵、寺岡襄訳　あすなろ書
房　1989.12　47p　22×29cm　1500円　①
4-7515-1431-8

〔内容〕フランスの山岳地帯にただ一
人とどまり、荒れはてた地を緑の森に
よみがえらせたエルゼアール・ブフィ

子どもの心を動かす読み聞かせの本とは　119

エの半生。同名の短編映画は'87アカデミー賞短編映画賞受賞。

〔推薦者〕司書教諭、ボランティア

〔対象〕高学年

〔場面〕担任教師：給食時間や隙間時間に読み聞かせ。

〔ひとこと〕こつこつと継続して行うことの大切さを教えてくれます。

きかんしゃやえもん

阿川弘之文、岡部冬彦絵 岩波書店 1983.2 1冊 21cm（岩波の子どもの本）640円①4-00-115122-7

〔推薦者〕司書教諭

〔対象〕低・中学年

〔場面〕担任教師：日々の読み聞かせで。

狐

新美南吉作、長野ヒデ子絵 偕成社 1999.3 35p 29×25cm 日本の童話名作選シリーズ 1600円①4-03-963720-8

〔内容〕月夜の晩、文六ちゃんは祭りにいく途中で下駄を買いました。その時、腰のまがったお婆さんが言ったのです。「やれやれ、晩げに新しい下駄をおろすと、狐がつくというだに。」それを聞いた文六ちゃんはびっくり。とっても心配になりました。下駄屋の

おばさんが、すぐにマッチを一本するまねをして、文六ちゃんの新しい下駄のうらに触って、おまじないをしてくれました。「さあ、これでよし。これでもう狐も狸もつきやしん。」しかし、文六ちゃんの不安とおそれは消えませんでした。—本当に狐につかれるのではないか、狐になってしまうのではないかと—。小学中級以上。

〔推薦者〕公共図書館スタッフ

〔対象〕中・高学年

〔場面〕学校での読み聞かせの時間。

〔ひとこと〕狐にとり憑かれたのではという展開に、みんながハラハラドキドキとお話しに入りこんでいくのを感じた。

きつねにょうぼう

長谷川摂子再話、片山健絵 福音館書店 1997.12 1冊 31cm（日本傑作絵本シリーズ）1300円①4-8340-1293-X

〔推薦者〕学校司書

〔対象〕中・高学年

〔場面〕学校図書館司書として図書館の時間に読んだ

〔ひとこと〕新潟県の民話を再話したものです。ページいっぱいの椿の花、息子を置いていかなくてはならないお母さんの表情など絵本ならではの読み方もできますが、語ることで一層想像

が広がる物語だとも思います。

木のうた

イエラ・マリ著 ほるぷ出版 1977.12 1
冊 22×22cm 1359円①4-593-50061-3

〔**内容**〕この絵本は、一本の大木を、
見開きページの同じ位置に据えて、四
季とともに移り変わる木そのものの姿
と、小鳥や動物たちの生態をみごとに
表現したものです。冬の枯れ木から始
まり、新芽ふくころ、若葉と共にやっ
てくる小鳥と巣ごもりから活動を始め
る小動物、葉が繁り、巣づくりする小
鳥、ひな鳥の巣立ち、実をつける木、
やがて紅葉、去っていく小鳥と巣ごも
りの準備をする小動物、そしてまた、
冬の訪れ…と、単なる知識絵本として
だけではなく、美しい色調とデザイン
が、抒情をも育んでくれるでしょう。
3歳から。

〔**推薦者**〕大学非常勤講師

〔**対象**〕低・中学年

〔**場面**〕字の無い絵本の読み聞かせ。

〔**ひとこと**〕1本の木の1年、四季を描く。
木をめぐるリスや鳥の様子、近くの草
花の様子も書きこまれていることにも
気づいて楽しめる。

きぼう―こころひらく
とき

ローレン・トンプソン作、千葉茂樹
訳 ほるぷ出版 2009.11 1冊 24×27cm
1400円①978-4-593-50515-9

〔**内容**〕きぼう、それは、せかいにむ
けてひらかれたこころ。あなたをだく
うでのぬくもり。おやすみなさいのや
さしいキス…。希望はいつも、すぐそ
ばにある。日常のささやかなことにも、
あなたの心のなかにも―。子どもから
大人まで、あらゆる人に読んでほしい、
心にひびく写真絵本。

〔**推薦者**〕学校司書・絵本専門士

〔**対象**〕高学年

〔**場面**〕進級時期道徳の授業の時。

〔**ひとこと**〕希望へ繋がる原動力は決
して楽しい事ばかりではない。どんな
ことが起きても、それを生きる糧にす
る力を誰でも持っている事を知っても
らいたく読み聞かせをする本。

希望の牧場

森絵都作、吉田尚令絵 岩崎書店
2014.9 1冊 29×22cm（いのちのえほ
ん）1500円①978-4-265-00633-5

〔**内容**〕東日本大震災のあと発生した
原発事故によって「立ち入り禁止区域」
になった牧場があります。だれもいな

くなった町の牧場にとどまり、そこに取り残された牛たちを、何が何でも守りつづけようと決めた、牛飼いのすがたを描き出す絵本。

〔推薦者〕学校司書・絵本専門士

〔対象〕4〜6年

〔場面〕大きな地震のあった月に（新潟だと中越沖地震が7月等）9月防災の日 前後。

〔ひとこと〕地震が起きる日本について考える。3月11日を忘れないため。その後、起こった事を忘れないため。

「希望の牧場」
森絵都作 吉田尚令絵 岩崎書店

きみはしっている

五味太郎作 改版 岩崎書店 2016.3 1冊 25×22cm（五味太郎クラシックス）1400円①978-4-265-83032-9

〔内容〕ぼくがかくしたにくがない！きみはしってるんだろう！みてたんだもんね。

〔推薦者〕司書教諭

〔対象〕低学年

〔場面〕図書の授業。

〔ひとこと〕聞き手に問いかけるように話が展開していくのがおもしろい。

キャプテンはつらいぜ

後藤竜二作、杉浦範茂絵 改装版 講談社 2006.8 188p 21cm（講談社 文学の扉）1300円①4-06-283203-8

〔内容〕受験で6年生がやめ、エースの吉野君もやめたいといいだし、少年野球チーム「ブラック＝キャット」は解散の危機。新しくキャプテンに選ばれた勇は、運動神経抜群だが、ぐれて仲間はずれだった友達の秀治をチームに誘い、剛速球のエースにしようとするが…。

〔推薦者〕学校司書

〔対象〕高学年

〔場面〕5年生担任男性教員：朝の時間や給食の時間を利用した読み聞かせ。

〔ひとこと〕長い本を、毎日少しずつ読み聞かせしていきたいという先生のご要望に対して、紹介した本。男性教員がこの本を読み聞かせすることで、より子どもたちの心に響くものになっ

たのではないかと考えています。先生
には大変感謝されました。

キャベツくん

長新太文・絵 文研出版 1995.1 1冊 29
×23cm（ぽっぽライブラリ）1280円
①4-580-81143-7

〔内容〕第4回絵本にっぽん大賞。

〔推薦者〕図書館指導員

〔対象〕低学年

〔場面〕担任：1年生 。

〔ひとこと〕読み手が楽しめれば子ど
もにも伝染する。

急行「北極号」

クリス・ヴァン・オールズバーグ絵・
文、村上春樹訳 あすなろ書房 2003.11
1冊 24×30cm 1500円①4-7515-1999-9

〔内容〕サンタを待つ少年のもとにあ
らわれたのは、白い蒸気につつまれた
謎めいた汽車。その名は—急行「北極
号」。クリスマス前夜のミステリー。
1986年度コルデコット賞受賞。

〔推薦者〕学校司書

〔対象〕中・高学年

〔場面〕図書の時間。12月頃の紹介。

〔ひとこと〕クリスマス時期、サンタ

クロースも登場するが、宗教的観点と
いうより、心から「信じる」ことの大
切さを教えてくれる。

教室はまちがう
ところだ

蒔田晋治作、長谷川知子絵 子どもの
未来社 2004.5 31p 25×21cm 1500円①
4-901330-40-3

〔内容〕おんなじことをくりかえすう
ちに、それからだんだんどきりがやん
で、言いたいことが言えてくるのだ。
はじめからうまいこと言えるはずない
んだ。はじめから答えがあたるはずな
いんだ。

〔推薦者〕司書教諭

〔対象〕全学年

〔場面〕教頭として：朝会のお話の中で。

〔ひとこと〕授業研究会当日の朝会で
これを読んだら子ども達はどんどん発
言していましたが、担任はちょっと
困ったようです。

きょうというひ

荒井良二作 BL出版 2005.12 1冊 21×
19cm 1300円①4-7764-0153-3

〔内容〕きょうというひのちいさないの
りがきえないようにきえないように…

アストリッド・リンドグレーン記念文学賞受賞作家からの贈り物。

〔推薦者〕司書教諭

〔対象〕低学年

〔場面〕朝の時間や授業に入る前など、そのシーンに合わせて忍ばせたいそんな絵本です。1回で読み切って欲しいです。

〔ひとこと〕大切な一日一日を、重ねていくことの大切さを知る絵本。

きょうのごはん

加藤休ミ作 偕成社 2012.9 1冊 28×22cm 1200円①978-4-03-332000-7

〔内容〕ゆうがたになると、どのいえからもいいにおいがしてくるよ。こっちのおうちのごはんはなにかな？あっちのおうちのごはんはなにかな？それぞれのいえのそれぞれのごはん。どれもみーんなおいしそう！さあ、あなたもいっしょに、「いただきまーす」。

〔推薦者〕学校司書

〔対象〕低・中学年

〔場面〕図書の時間。校外学習でお弁当を持参する行事の後先などに。

〔ひとこと〕絵で表現されたお料理はどれもおいしそうで、子どもたちも次は何の教理なのかわくわくしながら聞く。栄養士との給食コラボのヒントにも。

きょうはなんてうんがいいんだろう

宮西達也作・絵 鈴木出版 2010.10 29p 50×41cm（大きな絵本）9000円①978-4-7902-5215-3

〔内容〕おおかみのウルが森でひるねちゅうのこぶたをはっけん。「なんてうんがいいんだろう」…。読み聞かせに便利な大型絵本シリーズ。

〔推薦者〕学校司書

〔対象〕1年生

〔場面〕図書の時間（週一回、国語からの授業時間）の読み聞かせ。

〔ひとこと〕表紙から裏表紙までが物語なので、読後子どもが満足感を得られる本です。

きょだいなきょだいな

長谷川摂子作、降矢なな絵 福音館書店 1994.8 31p 20×27cm（〈こどものとも〉傑作集）750円①4-8340-1242-5

〔推薦者①〕学校司書

〔対象〕低・中学年

〔場面〕図書の時間。特に4月最初の授業（図書の時間）に低学年や特別支援学級児童（1～6年合同）で読み聞かせることが多い。

〔ひとこと〕最初の数ページはしずか

に聞いてもらうだけだが、数ページ目
で「"あったとさあったとさ"を一緒
に言ってね！」とおねがいすると、集
中して聞けなかった児童も注目してく
れて聞ける場面を毎年見ています。

〔推薦者②〕幼稚園教諭

〔対象〕幼児

ギリシア神話

石井桃子編・訳、富山妙子画 のら書
店 2000.11 341p 21cm 2000円 ①978-4-
931-12912-2

〔内容〕数多い神話の中でも、すぐれ
て力強く、豊かな魅力にあふれたギリ
シア神話を、格調高い訳文と絵で贈り
ます。小学校中学年以上。

〔推薦者〕学校司書

〔対象〕高学年

〔場面〕学年全員での読み聞かせに。

〔ひとこと〕馴染みのある名前がギリ
シア神話由来だと話すと、親近感を
持って聞いてくれました。

───【 く 】───

くいしんぼうの
あおむしくん

槇ひろし著、前川欣三イラスト 福音
館書店 2000.9 大型本32p 26.4×19cm
900円 ① 978-4-834-01702-1 こどもの
とも傑作集

〔内容〕ある日まさおの帽子について
いたのは、何でも食べる青虫くん。最
初は紙屑やごみを食べていたのです
が、それだけでは足らず、家や船、ま
さおのパパやママ、町や国まで飲み込
んでしまい、ついにはまさおのことま
で食べてしまいます。ところが、青虫
くんのおなかの中で、まさおが見たも
のは……。著者が絵画教室の子どもた
ちに語っていたお話の中から生まれ
た、奇想天外な絵本。

〔推薦者〕幼稚園教諭

〔対象〕幼児

くだもの

平山和子著 福音館書店 1981.10 23p
22cm（福音館の幼児絵本）743円 ①
4-8340-0853-3

〔推薦者〕学校司書

〔対象〕低学年

子どもの心を動かす読み聞かせの本とは　125

〔場面〕クラスでの読み聞かせのおしまいに。

〔ひとこと〕「はいどうぞ」で、モグモグ食べるのは小さい子と一緒です。

くまくん

二宮由紀子作、あべ弘士絵 ひかりのくに 2004.5 1冊 27×22cm 1200円 ① 4-564-01810-8

〔内容〕くまくんがさかだちをしてかんがえたこと。「あれ？もしかして、ぼく、いま、さかさまになってるから"くま"じゃなくて"まく"なんじゃない？」。

〔推薦者〕司書教諭

〔対象〕低学年

〔場面〕司書教諭：図書の授業の始まりに、読み聞かせの時間で。

〔ひとこと〕1年生がひらがなを全て学んだ後に。盛り上がりすぎるので、クラスを選んで。

くまとりすのおやつ

きしだえりこぶん、ほりうちせいいち・もみこえ 福音館書店 2008.2 23p 22cm（幼児絵本シリーズ）743円 ①978-4-8340-2314-5

〔推薦者〕図書館司書、読み聞かせボ

ランティア

〔対象〕幼児

〔場面〕図書館司書：おはなし会／ボランティア：病院の個室。

〔ひとこと〕単純で、子どもの好きなことしかないのでしっかり聞きます。

くまのコールテンくん

ドン・フリーマン著 偕成社 1982.12 30p 23×25cm 1200円①4-03-202190-2

〔推薦者〕特別支援学校 教諭

〔対象〕全学年

〔場面〕担任による読み聞かせ。

〔ひとこと〕女子は好きな内容だった。

雲のてんらんかい

いせひでこ作・画 講談社 2004.5.31 33p 25×27cm 1600円①4-06-132296-6

〔内容〕一瞬たりとも同じ絵をかくことのない空を見あげながら、心と重なりあった瞬間をきりとった、空との交信日記。

〔推薦者〕司書教諭、個人文庫主宰

〔場面〕言葉の部分を隠しておいて、雲の絵と言葉とをマッチングしながら、読み聞かせた。

〔ひとこと〕作者の空の絵に私的な言

葉を添えた言葉や絵の豊かさを感じ取れる絵本。『雲のてんらん会』新装版。

くらべてわけてならべてみよう！（はくぶつかんでみつけたもの）

国立科学博物館作、見杉宗則絵 創元社 2016.2 1冊 27×22cm（科博の絵本）1400円①978-4-422-76064-3

〔内容〕きょうはなにとであえるかな？博物館のヒミツがわかる親子で楽しむ絵本。

〔推薦者〕学校司書

〔対象〕低学年

〔場面〕図書の時間の読み聞かせ。夏休み前に。

〔ひとこと〕博物館のしくみや自由研究のヒントになればと使用しています。

クリスティーナとおおきなはこ

パトリシア・リー・ゴーチ作、ドリス・バーン絵、おびかゆうこ訳 偕成社 2014.7 47p 27×20cm 1300円①978-4-03-348300-9

〔内容〕あるひ、クリスティーナのいえにとくだいのれいぞうこがとどきました。すると、クリスティーナはおおよろこび。「こんなおおきなはこ、みたことない！」さて、このはこで、クリスティーナはなにをするのでしょう？アメリカの多くの教科書に掲載されてきた、たのしいお話！3歳から。

〔推薦者〕司書教諭

〔対象〕低学年

〔場面〕図書の授業。

〔ひとこと〕段ボールがあれば、豊かな想像力で、自由に遊べる年齢の子どもにピッタリ。

クリスマスのふしぎなはこ

長谷川摂子文、斉藤俊行絵 福音館書店 2008.10 1冊 22×21cm（幼児絵本）743円①978-4-8340-2380-0

〔内容〕僕がクリスマスの朝見つけた箱を開けると、サンタさんの姿が見えました。箱の中を見る度にサンタさんは僕の家に近づいてきます。クリスマスのわくわく感がいっぱいの絵本。

〔推薦者〕図書館司書

〔対象〕低学年

〔場面〕司書：読書の時間に行っている読み聞かせで。

〔ひとこと〕サンタが来ることを待つ

男の子の気持ちが、日本の家庭の雰囲気とともに見事に表現されている。

ぐりとぐらの 1ねんかん 英語版

中川李枝子文、山脇百合子絵、ピーター・ハウレット , リチャード・マクナマラ訳 チャールズ・イー・タトル出版 2004.10 27p 24×28cm 1900円① 4-8053-0763-3

〔内容〕「ぐりとぐら」とすごす楽しい1年間。さむい冬の雪ぞりあそび、ぽかぽか春のハイキング、雨ふる6がつには、みずたまりのたんけん。そして太陽のふりそそぐ夏にはなにが待っているのでしょう?「ぐりとぐら」と季節をめぐれば新しいはっけんがいっぱいです。大人気シリーズ英語版第7作。

〔推薦者〕司書教諭

〔対象〕全学年

〔場面〕担任教師:日々の読み聞かせで。

〔ひとこと〕子どもが内容を知っている絵本の外国版を読むことは大切だと考えます。

黒ねこのおきゃくさま

ルース・エインズワース作、荒このみ訳、山内ふじ江絵 福音館書店 1999.10 56p 22cm(世界傑作童話シリーズ)

1200円①4-8340-1584-X

〔推薦者〕学校司書

〔対象〕中・高学年

〔場面〕学校図書館司書として図書館の時間に読んだ

〔ひとこと〕静かな物語ですが、おじいさんの優しさが心に沁みます。山内さんの描く黒ねこがとても愛らしい。

くんちゃんの はじめてのがっこう

ドロシー・マリノさく、まさきるりこやく ペンギン社 1982.4 1冊 26cm 900円①4-89274-020-9

〔推薦者〕司書教諭

〔対象〕1年生

〔場面〕入学したばかりのころ。

〔ひとこと〕くんちゃんがお母さんといっしょに学校に来たのに、お母さんだけ先に帰ってしまう場面で、1年生の児童はみんなくんちゃんに共感して聞いている。

──【け】──

けんかのきもち

柴田愛子文、伊藤秀男絵 ポプラ社 2001.12 1冊 25×25cm（からだとこころのえほん）1200円①4-591-07044-1

〔内容〕この絵本の舞台「あそび島」には、3歳から高校生くらいまでのひとたちがやってきます。「あそび島」では、子どもも大人もみんなまるごとでつきあっています。だから、ときにはぶつかり合い、ときにはものすごく心を揺さぶられる事件がおこります。そんな「あそび島」のできごとを、絵本にしました。

〔推薦者①〕司書教諭、ボランティア

〔対象〕低学年

〔場面〕担任教師：朝の読書で読み聞かせ。

〔ひとこと〕けんかの後、なかなか上手くあやまれない様子が、よくでています。

〔推薦者②〕公共図書館スタッフ

〔対象〕低学年

──【こ】──

こいぬがうまれるよ

ジョアンナ・コール著、ジェローム・ウェクスラー写真、つぼいいくみ訳 福音館書店 1982.11 1冊 26cm（福音館のかがくのほん）900円①4-8340-0912-2

〔推薦者〕ボランティア

〔対象〕全学年

〔場面〕学校でのお話会、学童など。

〔ひとこと〕低学年はソーセージという名前や箱から脱出するところを喜ぶが、高学年は母犬の大変さに感動する。

「こいぬがうまれるよ」
ジョアンナ・コール著、ジェローム・ウェクスラー写真 福音館書店

交響曲「第九」歓びよ未来へ！（板東俘虜収容所奇跡の物語）

くすのきしげのり作、古山拓絵 PHP研究所 2018.4 46p 24×19cm 1400円①978-4-569-78753-4

〔内容〕1918年6月1日、徳島県鳴門市の板東俘虜収容所—。ドイツ兵俘虜たちによって、ベートーベン交響曲「第九」がアジアで初めて全曲演奏されました。主人公の転校生・愛子に、おばあちゃんが伝えたかったこととは…。語りつぎたい感動の物語。

〔推薦者〕学校司書

〔対象〕中・高学年

〔場面〕2学期以降（今冬の12月頃）、図書の時間などで紹介したい絵本。

〔ひとこと〕1918年頃の実話。ドイツ兵俘虜（捕虜）たちと徳島に住む日本人たちとの文化的な国際交流。ベートーベン交響曲「第九」が、アジアで初めて全曲演奏されました。初演の背景を簡単に絵本で紹介。人権の大切さも考えさせてくれる。

子うさぎましろのお話

佐々木たづ著、三好碩也画 ポプラ社 1970.1 1冊 25cm（おはなし名作絵本）1000円①4-591-00530-5

〔推薦者〕学校司書

〔場面〕学校図書館司書として図書館の時間に読んだ

〔対象〕全学年

〔ひとこと〕プレゼントが欲しくてつい嘘をついてしまった"ましろ"の気持ちに子どもたちが寄り添います。

心ってどこにあるのでしょう？

こんのひとみ作、いもとようこ絵 金の星社 2018.4 1冊 24×25cm 1400円①978-4-323-02466-0

〔内容〕心ってどこにあるとおもう？むねかな…？すきなひとのまえだったりはずかしくなったりするとあかくなるのはどこ？いやなことがあるといたくなるのは？いったい心ってどこにあるんだろう？

〔推薦者〕司書教諭、個人文庫主宰

〔場面〕友だちの気持ちを考えてもらいたくて、文庫にやってくる子どもたちに読んであげている。

〔ひとこと〕悲しい、うれしい、といった心はどこで感じ取るのか、心について考えさせてくれる。

ブックガイド編　　　　　　　　　　こちそ

こすずめのぼうけん

ルース・エインワース著、石井桃子訳、
堀内誠一画 福音館書店 1977.4 31p 20
×27cm（こどものとも傑作集）800円
①4-8340-0526-7

〔推薦者〕学校司書

〔対象〕低学年

〔場面〕図書の時間の読み聞かせ。5月
の愛鳥週間や新生活に少し慣れてきた
頃に使用します。

〔ひとこと〕新入生は通学もひとつの
冒険。頑張る子どもたちを応援する気
持ちと家に帰って安心してね、という
思いで読んでいます。

五体不満足

乙武洋匡著 講談社 1998.10 270p 19cm
1600円①4-06-209154-2

〔内容〕両手両足がなくたって今日も
電動車椅子で走り続ける、早大生・乙
武洋匡君の「生きる力」とは。やさし
い気持ちが湧いてくる本。

〔推薦者〕司書教諭、ボランティア

〔対象〕中学年

〔場面〕担任教師：給食時間や隙間時
間に読み聞かせ。

〔ひとこと〕生まれつき手足が不自由
でも、元気に学校生活を送ることに共

感しました。

ごちそうの木（タンザニアのむかしばなし）

ジョン・キラカ作、さくまゆみこ訳
西村書店 2017.8 1冊 24×29cm 1500円
①978-4-89013-983-5

〔内容〕むかしむかし、日照りで食べ
物がなくなってしまった土地に、たわ
わに実のなる大きな木がありました。
おなかがぺこぺこの動物たちは、かし
こいカメに、どうやったら実が食べら
れるか、聞きにいくことにしました。
小さなノウサギが名のりでると、「大
きい動物にまかせなさい」とみんなに
言われ、ゾウとスイギュウが出かける
のですが…。タンザニアで語りつがれ
てきたゆかいなむかしばなし。

〔推薦者①〕図書館司書

〔対象〕幼児～中学年

〔場面〕図書館司書：公共図書館のお
はなし会。

〔ひとこと〕アフリカ各地に類話があ
る昔話の絵本。呪文やくり返しが面
白い。

〔推薦者②〕小学校特別支援教室専
門員

〔対象〕低・中学年

子どもの心を動かす読み聞かせの本とは　131

こつけ　　　　　　　　　　　　　　　　　　　　ブックガイド編

〔ひとこと〕タンザニアで生まれた「ティンガティンガアート」が遠くまで絵を届ける力があり好評。2年生 昔話の単元で参考図書として使用。

コッケモーモー！

ジュリエット・ダラス＝コンテ文、アリソン・バートレット絵、たなかあきこ訳 徳間書店 2001.11 1冊 28×23cm 1400円①4-19-861450-4

〔内容〕どうしよう！鳴きかたわすれちゃった！いくらがんばっても「コッケコッコー！」を思い出せないおんどり。みんなにバカにされたりしんぱいされたり。そのよるあやしいものおとがして…大きな声で読んでほしい楽しい絵本。

〔推薦者①〕学校司書

〔対象〕低学年

〔場面〕図書室：オリエンテーションの時のオープニングに。

〔ひとこと〕はじめましての読み聞かせにぴったり。

〔推薦者②〕学校司書

〔対象〕低・中学年

〔場面〕図書の時間。

〔ひとこと〕年度始めなど、読み手と聞き手の子どもたちとの付き合いが浅い時でも、はっきりした絵柄とわかりやすい構成が子どもたちを惹きつけ、

読み終わった時に「楽しかったね」と仲良くなれる（はず！）の1冊です。

ことばあそびうた

谷川俊太郎著、瀬川康男画 福音館書店 1973.10 1冊 23cm 900円 ①4-8340-0401-5

〔推薦者〕司書教諭、ボランティア

〔対象〕低学年

〔場面〕担任教師：国語時間に読み聞かせ、その後言葉遊びをする。

〔ひとこと〕この本をヒントに、言葉遊びを楽しみました。

こども古典落語
〈4 トンチンカン長屋編〉

小島貞二文、宮本忠夫画 アリス館 1986.9 190p 21cm 1200円 ①4-7520-7904-6

〔内容〕"笑い"のあの手この手が、落語のなかにふくまれています。落語は"笑い"の教科書です。日本人の"笑い"の原点は、落語といってもよいでしょう。この『トンチンカン長屋編』では、江戸の長屋の八つぁんクマさんが、みなさんのお友だちになります。

〔推薦者〕学校司書

〔対象〕4年生

〔場面〕「図書の時間」（週一回、国語からの授業時間）の読み聞かせ。

〔ひとこと〕「平林」を読みます。落語はまさに声に出してこその話です。大うけです。

子どもに語るグリムの昔話（全6巻セット）

佐々梨代子・野村ひろし訳 こぐま社 1998.11 9600円①978-4-77218-016-0

〔推薦者〕学校司書

〔対象〕4年生

〔場面〕「図書の時間」（週一回、国語からの授業時間）の読み聞かせ。

〔ひとこと〕「灰かぶり」を読みます。既知の世界観を変えてくれるので子どもに読後人気が出るシリーズです。

こねこのチョコレート

B.K.ウィルソン,小林いづみ訳、大社玲子絵 こぐま社 2004.11 1冊 25×20cm 1100円①4-7721-0174-8

〔内容〕ジェニーは、4歳の女の子。明日は、弟の誕生日です。ジェニーは、プレゼントに「こねこのチョコレート」を買いますが、その晩、おいしそうなチョコレートのことばかり考えて、眠れなくなってしまいます。長い間お話

会で語られ、子どもたちに愛されてきたお話が、初めて絵本になりました。子どもたちの共感を呼ぶ、心あたたまる物語。

〔推薦者〕学校司書

〔対象〕低学年

〔場面〕クラスでの読み聞かせ。

〔ひとこと〕こねこの数が減るたびに「ひゃー」と肩をすくめます。

この計画はひみつです

ジョナ・ウィンター文、ジャネット・ウィンター絵、さくまゆみこ訳 鈴木出版 2018.6 1冊 29×21cm 1500円①978-4-7902-5356-3

〔内容〕ニューメキシコの砂漠の名もない町に、科学者たちがやってきました。ひみつの計画のために、政府にやとわれた科学者たちです。計画は極秘とされ、だれひとり情報をもらしません。思いもよらないものが作られているにちがいありません。もうすぐ完成しそうです。時計の針がチクタクと時を刻み…

〔推薦者〕学校司書・絵本専門士

〔対象〕高学年

〔場面〕8月。

〔ひとこと〕戦争・原爆について考える時に読みます。読み進めるにつれて、神妙な表情になる子がいます。原爆に

ついて外国の人が書いた事について触れておきます。

この世でいちばん
すばらしい馬

チェンジャンホン作・絵、平岡敦訳
徳間書店 2008.12 37p 26×33cm 1900
円①978-4-19-862660-0

〔内容〕絵師ハン・ガンの描く馬は、あまりに生き生きしているため、絵から飛びだし、生きて動きだす、という噂があった。いくさが都にせまったとき、ひとりの武将がハン・ガンをたずねて、たのんだ。「わしのために、この世でいちばんすばらしい馬を描いてはくれないか？」と…。幼いころから絵の修業にはげみ、宮廷の絵師となった青年と、青年の絵から生まれて戦場を駆け、いくさの真実を目にした馬の、心ゆさぶる迫力の大型絵本。2005年度ドイツ児童図書賞受賞。

〔推薦者〕図書館司書

〔対象〕高学年

〔場面〕司書：国語の時間に行う読み聞かせで。

〔ひとこと〕絵師ハン・ガルの描く馬は生き生きしていて絵から飛び出してくるという。迫力ある絵に圧倒される。

このよでいちばん
はやいのは

ロバート・フローマン原作、天野祐吉翻案、あべ弘士絵 福音館書店 2011.1
27p 26×24cm（かがくのとも絵本）
900円①978-4-8340-2606-1

〔内容〕この世でいちばん速いものは何でしょう？ウサギよりチーターは速い。チーターより新幹線、新幹線よりジェット機、ジェット機よりお寺の鐘の音…まだまだ続きます。音より光より速いのは？意外だけど納得の答えが、絵本の中で待っています。原作は1960年代アメリカの作品。その作品をコラムニストの天野祐吉氏が、新しい作品に仕上げました。

〔推薦者①〕学校司書

〔対象〕中・高学年

〔場面〕図書の時間の読み聞かせ。運動会が近い時期に使用します。

〔ひとこと〕ひかりや音よりはやいもの、それは「わたしたちのそうぞうりょく」だという終わりがとても好きです。

〔推薦者②〕学校司書

〔対象〕中・高学年

〔場面〕図書の時間。

〔ひとこと〕科学読み物の絵本。最後のページには「さあこのほんをよみおわったらしずかにめをつぶってみよう」とありますが、読み聞かせなので

読み手が「最後のページを読みます。目を閉じて聞いてください」と伝え読みます。「想像力」とはなにかを考えるきっかけになれる絵本です。

これがほんとの大きさ！

スティーブ・ジェンキンズ作、佐藤見果夢訳 評論社 2008.3 1冊 31×26cm（児童図書館・絵本の部屋）1600円①978-4-566-00887-8

〔内容〕ゴリラの手はどれぐらい大きい？ワニの口は、ほんとに大きいの？トラの顔はどんな大きさ？ダチョウの卵はどれぐらい？世界一大きいクモってどんなクモ？世界一小さい魚ってなに？長さが60cmあるのは何の舌？人の頭より大きいのはだれの目玉？どうぶつの世界はおどろきがいっぱい。あざやかな色と、迫力あるデザインで切り絵の名手ジェンキンズが見せるどうぶつあれこれ。絵はぜんぶ実物大。ほんとうの大きさに目をみはります。

〔推薦者〕学校司書

〔対象〕低・中学年

〔場面〕図書室：遠足で動物園に行った学年の図書の時間に。

〔ひとこと〕子どもたちの顔を見ながらページをめくるのが楽しい本です。

これはのみのぴこ

谷川俊太郎作、和田誠絵 サンリード 1989.12 1冊 29cm 1800円 ①4-914985-01-2

〔推薦者〕学校司書

〔対象〕全学年

〔場面〕図書室：国語でことばあそびの単元の時に。

〔ひとこと〕最期はみんなで唱和となることがしばしばです。

ころころころ

元永定正さく・え 大型絵本 福音館書店 2010.1 23p 42cm（こどものとも年少版劇場）5600円①978-4-8340-2482-1

〔推薦者〕大学非常勤講師

〔対象〕低学年

〔ひとこと〕普通サイズもある。鮮やかな色の玉が、いくつも一緒に階段、でこぼこ、坂道をリズミカルにころころころがっていく様に体も動く。

ごろごろにゃーん

長新太著 福音館書店 1984.2 32p 20×27cm（こどものとも傑作集）800円①4-8340-0966-1

〔推薦者〕学校司書

〔場面〕学校図書館司書として図書館の時間に読んだ

〔対象〕低学年

〔ひとこと〕ただ繰り返す「ごろごろにゃーん」が心地よい一冊。1年生の1番初めの読み聞かせによく読みました。

ごろべえ もののけのくにへいく

おおともやすお作・絵 童心社 2018.12 1冊 21×23cm（童心社のおはなしえほん）1300円①978-4-494-01629-7

〔推薦者〕司書教諭

〔対象〕中学年以上

〔場面〕司書教諭：図書の授業の始まりに、読み聞かせの時間で。

こんちゅうって なんだ？

アン・ロックウェル作、スティーブ・ジェンキンス絵、あべけんいち訳 福音館書店 2009.11 31p 21×27cm（みつけようかがく）1300円①978-4-8340-2364-0

〔内容〕テントウムシ、クモ、ミミズ。

どれがこんちゅうかわかるかな？テントウムシはこんちゅうだろうか？こんちゅうとそうでないものをみわけるにはどうすればいい？そう。こんちゅうのとくちょうをしっていればこんちゅうとそうでないものをかんたんにわけることができる。こんちゅうのとくちょうってなんだろう？さあ、ひとつひとつたしかめてみよう。

〔推薦者〕学校司書

〔対象〕3年生

〔場面〕「図書の時間」（週一回、国語からの授業時間）の読み聞かせ。

〔ひとこと〕貼り絵のため形を分かりやすく捉えることができます。

こんとあき

林明子著 福音館書店 2004.11 39p 28×22cm（日本傑作絵本シリーズ）1300円①4-8340-0830-4

〔推薦者①〕図書館指導員

〔対象〕低学年

〔場面〕担任：1年生。

〔ひとこと〕絵がきれいで見やすく話がどんどん展開するので、上手な先生が読むとみんな引き込まれて聞いている。

〔推薦者②〕学校司書

〔対象〕低学年

〔場面〕図書室：図書の時間に。

〔ひとこと〕知っている子も多い本。

こんにちは ねこ

きたやまようこ作 あかね書房 1991.6
1冊 19×16cm（ゆうたくんちのいば
りいぬ）700円①4-251-00106-0

〔推薦者〕放課後ディ児童指導員、
おはなし、読み聞かせ図書館ボラン
ティア

〔対象〕全学年

〔場面〕ボランティア：朝の10分、15
分の読み聞かせの時間で。

〔ひとこと〕時間が少し余った時に組
み合わせる絵本として便利です。犬や
ねこを飼っているお子さんも多いの
で、「そうそう」と共感して聞いてく
れます。図書館で読んだ時は、後で「い
ばりいぬのシリーズ全部読みました。
本当におもしろいですよね」とお母さ
んから声をかけられたことがありまし
た。親子で楽しんだようです。

─────【 さ 】─────

最初の質問

長田弘詩、いせひでこ絵 講談社

2013.7 1冊 27×23cm（講談社の創作
絵本）1500円①978-4-06-132523-4

〔推薦者①〕司書教諭

〔対象〕高学年

〔場面〕朝の時間や授業に入る前など、
そのシーンに合わせて忍ばせたいそん
な絵本です。1回で読み切って欲しい
です。

〔ひとこと〕新しいことに挑戦すると
きに読み聞かせたい絵本。

─────────────

〔推薦者②〕公共図書館スタッフ

〔対象〕高学年

〔場面〕学校での読み聞かせの時間。

〔ひとこと〕当たり前の日常をハッと
ふり返ってしまうような質問に、子ど
もたちが思わず答えている姿が可愛
かった。

さがしています

アーサー・ビナード作、岡倉禎志写真
童心社 2012.7 32p 26cm 1300円①978-
4-494-00750-9

〔内容〕「おはよう」「がんばれ」「いた
だきます」「いってきます」「ただいま」
「あそぼ」そのことばをかわすことが
できる、みんなの生活は、どこへいっ
たのか？ 1945年8月6日の朝、ウラン
の核分裂がヒロシマでひきおこしたこ
とは、どこまで広がるのか？ ピカドン
を体験したカタリベたちは、今の日本

をじっと見つめているのだ。その視線
の向こうにあるのは—。

〔推薦者〕学校司書

〔対象〕中・高学年

〔場面〕図書の時間。

〔ひとこと〕ヒロシマ。ピカドンを体
験したものたちの声をアーサー・ビ
ナードが語る。どのクラスも（特に高
学年）読み聞かせ後の児童たちの真剣
な表情が印象深い。

さつまのおいも

中川ひろたか文、村上康成絵 童心社
1995.6 1冊 21×22cm（絵本・ちいさな
なかまたち）1300円Ⓘ4-494-00563-0

〔推薦者〕図書館指導員

〔対象〕低学年

〔場面〕担任：2年生 お芋ほりの前に。

〔ひとこと〕絵本からやさしい読み物
にステップアップする時に使える。

サムはけっして
わすれません

イブ・ライスぶん・え、あきのしょ
ういちろうやく 改訂 童話館出版
2007.11 32p 19×21cm 1300円Ⓘ978-4-
88750-095-2

〔推薦者〕図書館司書、読み聞かせボ
ランティア

〔対象〕幼児

〔場面〕図書館司書：おはなし会／ボ
ランティア：病院の個室。

〔ひとこと〕地味ですが幼い子がとて
もひきつけられます。旧版『サムはぜっ
たいわすれません』（ブック・グロー
ブ社）。

サラダでげんき

角野栄子作、長新太絵 福音館書店
2005.3 31p 27×20cm（こどものとも
傑作集）800円Ⓘ4-8340-2081-9

〔内容〕りっちゃんは病気になったお
母さんのために、サラダを作りはじめ
ました。そこへ動物たちが次々にあら
われて、サラダ作りのアドバイス。最
後には飛行機でぞうまでがやってき
て、サラダ作りを手伝ってくれました。

〔推薦者〕特別支援学校 教諭

〔対象〕高学年

〔場面〕劇遊びの授業の際に担任によ
る読み聞かせ。

〔ひとこと〕セリフがかわいい。

ざりがに

吉崎正巳ぶん・え、須甲鉄也監修 福

音館書店 1976.4（40刷：1997.5）23p 26cm（かがくのとも傑作集）838円①
4-8340-0472-4

〔推薦者〕司書教諭

〔対象〕低学年

〔場面〕生活科担任教師：生活科の授業で。

サンドイッチ サンドイッチ

小西英子作 福音館書店 2008.9 1冊 22×21cm（幼児絵本シリーズ）743円①
978-4-8340-2375-6

〔内容〕サンドイッチを作ろう！パンにバターを塗って、しゃきしゃきレタスに真っ赤なトマト、大きなチーズをのせたら、次は何をのせようかな？思わず触りたくなるようなふわふわのパンや、みずみずしく色鮮やかな野菜など、おいしそうな食べ物が次々と登場します。

〔推薦者①〕図書館司書

〔対象〕低学年／特別支援学級

〔場面〕司書：読書の時間に行っている読み聞かせで。

〔ひとこと〕リズミカルで楽しく、美味しそうで、手に取ってたべたくなる。

〔推薦者②〕学校司書

〔対象〕低・中学年

〔場面〕図書の時間。校外学習でお弁当を持参する行事の後先などに。

〔ひとこと〕ビッグブックで紹介した時は、自分の好みも児童たちが各自（小さな声で）言いながら聞いてくれました。写真と見間違うほどのおいしそうな絵に子どもたちの目が釘づけ。

三びきのやぎの がらがらどん

マーシャ・ブラウン絵、瀬田貞二訳 福音館書店 1982.11 1冊 26cm（世界傑作絵本シリーズ・アメリカの絵本）1000円①4-8340-0043-5

〔推薦者〕特別支援学校 教諭

〔対象〕低学年

〔場面〕ごっこ遊び（トロル退治）を実施した際の、導入に読んだ。

〔ひとこと〕「誰だ〜」とこわごわいうと、しまりのある読み聞かせになった。

——— 【し】———

しげちゃん

室井滋作、長谷川義史絵 金の星社 2011.5 1冊 25cm 1300円 ①978-4-323-07156-5

子どもの心を動かす読み聞かせの本とは　139

〔内容〕自分の名前がきらいな女の子。理由は「しげる」という男の子みたいな名前だから。お母さんに、もっとかわいい名前に変えてほしいと言ってみるけれど…。親の愛情が心に響く絵本。

〔推薦者〕公共図書館スタッフ

〔対象〕2年生

〔場面〕小学校、先生による読み聞かせの時間。

〔ひとこと〕自分の名前に興味を持ってくれた。

じごくのそうべえ―桂米朝・上方落語・地獄八景より

田島征彦作 童心社 2002.5.30 1冊 25×26cm（童心社の絵本）1400円①4-494-01203-3

〔内容〕上方落語 地獄八景亡者戯―古来、東西で千に近い落語がありますが、これはそのスケールの大きさといい、奇想天外な発想といい、まずあまり類のない大型落語です。これを絵本に…という企画を聞いた時、これは楽しいものになると思いましたが、えんま大王、赤鬼青鬼、奪衣婆、亡者…いずれも予想に違わぬおもしろさです。第1回絵本にっぽん賞受賞。

〔推薦者〕公共図書館スタッフ

〔対象〕低学年

しずかなおはなし

サムイル・マルシャーク文、ウラジミル・レーベデフ絵 福音館書店 1982.10 1冊 28cm（世界傑作絵本シリーズ・ソビエトの絵本）800円①4-8340-0017-6

〔推薦者〕放課後ディ児童指導員、おはなし、読み聞かせ図書館ボランティア

〔対象〕低・中学年

〔場面〕ボランティア：朝の10分、15分の読み聞かせの時間で。

〔ひとこと〕しずかなおはなしなのですが、その中に緊張感と躍動感があって子どもたちがとても集中して聞きます。

しでむし

舘野鴻作・絵 偕成社 2009.4 35p 29×25cm 1800円①978-4-03-437050-6

「しでむし」
舘野鴻作・絵 偕成社

〔**内容**〕子育てをする虫・しでむしの一生を緻密で美しい絵で綴る絵本。

〔**推薦者**〕図書館司書

〔**対象**〕高学年

〔**場面**〕司書：国語の時間に行う読み聞かせで。

〔**ひとこと**〕生きものの生と死を精密な絵で描いている。

じてんしゃにのる
アヒルくん

デイビッド・シャノン作、小川仁央訳
評論社 2006.5 1冊 30cm（児童図書館・絵本の部屋）1300円①4-566-00843-6

〔**内容**〕ある日、とほうもないことを思いついたアヒルくん。「じてんしゃにのってみようっと！」メウシのそばを、すいーっ。イヌのそばを、すいーっ。ヤギのそばを、すいーっ。ごきげんのアヒルくんを見て、どうぶつたちが思ったことは？―『だめよ、デイビッド！』で人気のデイビッド・シャノンがおくる、とびきりゆかいな絵本だよ。

〔**推薦者**〕図書館司書

〔**対象**〕低学年／特別支援学級

〔**場面**〕司書：読書の時間に行っている読み聞かせで。

〔**ひとこと**〕楽しそうにじてんしゃに乗るアヒルくんや動物たち。鮮やかで生き生きとした絵が見ごたえある。

じめんのうえと
じめんのした

アーマ E. ウェバーぶん・え、藤枝澪子やく 改訂第26刷 福音館書店 1995.1
29p 21cm（かがくのほん）777円①
4-8340-0129-6

〔**推薦者**〕図書館司書、読み聞かせボランティア

〔**対象**〕中学年以上

〔**場面**〕図書館司書：おはなし会。

〔**ひとこと**〕知識の絵本ですがわかりやすくよく聞きます。

しゃっくりがいこつ

マージェリー・カイラー作、S.D. シンドラー絵、黒宮純子訳 セーラー出版 2004.10 1冊 26×26cm 1500円 ①
4-88330-150-8

〔**内容**〕がいこつのしゃっくりはほねがきしんではががちがちいっておなかがよじれてもうたいへん。ヒック、ヒック、ヒック。どうしたらがいこつのしゃっくりはとめられるでしょうか。

〔**推薦者①**〕司書教諭

〔**対象**〕中・高学年

〔**場面**〕担任教師：理科の授業の導入で。

〔**推薦者②**〕学校司書

しゆう　　　　　　　　　　　　　　　　　　　　　　　　ブックガイド編

〔対象〕低学年

〔場面〕図書室：図書の時間に。

〔ひとこと〕読みきかせすると、必ず誰かが借りる本です。

───────────────

〔推薦者③〕学校司書

〔対象〕低・中学年

〔場面〕図書の時間。10月、ハロウィーンの飾り（手作り折りたたみがいくつ）を掲示した後に読むことが多い。

〔ひとこと〕とにかく楽しい。読み聞かせ途中、ヒックヒックを一緒にお願いすると、どの子も一所懸命にくるしそうにしゃっくりするのがお互いに笑えて楽しい。

11 ぴきのねこ

馬場のぼる著　こぐま社　1967.4　39p 27cm　1200円①4-7721-0004-0

〔推薦者〕特別支援学校 教諭

〔対象〕低学年

〔場面〕担任による読みきかせ。

〔ひとこと〕ねんねこさっされの歌を歌いながら、読むと児童も歌いだす。

12 歳たちの伝説

後藤竜二作、鈴木びんこ絵、新日本出版社　2000.6.15　189p　21cm（A5）風の文学館2〈1〉1500円①4-406-02745-9

〔内容〕学級崩壊を起こし何人もの先生に見放された6年1組。新しい春が来ても、教室を飛び交う紙飛行機は消えない。誰にも気を許さず、自分にバリアを張って学校へ行く。でも本当はみんな、そんなクラスにもううんざりだった。元に戻れるチャンスが欲しかった。いじめ、登校拒否、学級崩壊…。その中で揺れ動く十二歳たちの切ない気持ちがリアルに描かれた人気シリーズ第1巻。全5巻。

〔推薦者〕小学校教員

〔対象〕6年生

〔場面〕6年生の12月から卒業式の直前まで60回かけて第2巻まで、毎日5分間の教室読み聞かせで。

〔ひとこと〕「書いてあることをまねするといけないから、読ませてはいけない」などと“悪書狩り”するのはナンセンス。子どもの力を信頼し、すべてを子どもに与えることが大切だと、あらためて感じました。

十二支のはじまり

岩崎京子文、二俣英五郎画　教育画劇 1997.11　28p　19×26cm（日本の民話え

142

ほん）1200円①4-7746-0409-7

〔内容〕むかし、あるとしのくれ、かみさまはどうぶつたちにおふれをだしたんだと。"しょうがつのあさ、ごてんにくるように。きたものから、12ばんまで、じゅんばんに1ねんずつ、そのとしのたいしょうにする"。

〔推薦者①〕司書教諭

〔対象〕低・中学年

〔場面〕担任教師：日々の読み聞かせで。

〔推薦者②〕学校司書

〔対象〕2年生

〔場面〕「図書の時間」（週一回、国語からの授業時間）の読み聞かせ。

〔ひとこと〕国語の教科書に採用されていますが、絵の迫力も好きなようです。

じゅげむ（落語絵本）

川端誠著 クレヨンハウス 1998.4 1冊 31cm 1165円①4-906379-80-X

〔推薦者〕司書教諭

〔対象〕中学年

〔場面〕担任教師：国語の授業に合わせて。

しゅっぱつしんこう！

山本忠敬さく 福音館書店 1984.11 23p 22cm（福音館の幼児絵本）480円① 4-8340-0086-9

〔推薦者〕図書館司書、読み聞かせボランティア

〔対象〕幼児

〔場面〕図書館司書：おはなし会／ボランティア：病院の個室。

〔ひとこと〕次々に出てくる電車と「しゅっぱつしんこう」というかけ声を喜びます。

商人とオウム（ペルシャのおはなし）

ミーナ・ジャバアービン文、ブルース・ホワットリー絵、青山南訳 光村教育図書 2012.1 1冊 29×22cm 1500円 ①978-4-89572-833-1

〔内容〕商売上手のペルシャ商人 VS.ふるさとに帰りたいオウム。ここ一番の大勝負、かけひきのゆくえは―。

〔推薦者〕図書館司書

〔対象〕中学年

〔場面〕司書：国語の時間に行っている読み聞かせで。

〔ひとこと〕オウムがいるお陰で商売が繁盛する商人。生まれ故郷に帰りた

いオウム。豊かな色彩の物語絵本。

しょうぼうじどうしゃじぷた

渡辺茂男作、山本忠敬：絵 福音館書店 1966 900円①978-4-83400-060-3

〔**推薦者**〕ボランティア

〔**対象**〕低学年

〔**場面**〕学校でのお話会、学童など。

〔**ひとこと**〕「幼稚園で読んだ」などと言いながら、みんなとても楽しそうに聞いている。

しりとりのだいすきなおうさま

中村翔子作、はたこうしろう絵 鈴木出版 2001.6 25p 21×28cm（チューリップえほんシリーズ）1100円①4-7902-5069-5

〔**内容**〕王様はなんでもしりとり。家具の並べ方も、料理の順番も。そんな王様に毎日悪戦苦闘している家来たちはある作戦を考えました。3〜4歳から。

〔**推薦者①**〕特別支援学校 教諭

〔**対象**〕高学年

〔**場面**〕担任による読み聞かせ。

〔**ひとこと**〕何度読んでも、面白い。「トースト」→「トマト」と言いながら。

〔**推薦者②**〕学校司書

〔**対象**〕低学年

〔**場面**〕学年での読み聞かせ会。

〔**ひとこと**〕思わず口に出してしまう子が続出です。

白い池 黒い池（イランのおはなし）

リタ・ジャハーン＝フォルーズ再話、ヴァリ・ミンツィ絵、もたいなつう訳 光村教育図書 2015.2 47p 27×21cm 1500円①978-4-89572-883-6

〔**内容**〕「母さんの毛糸玉だもの、あきらめられない」シラーズは、風にのって飛んでいった毛糸玉の行方をおって、家をでた―

〔**推薦者**〕司書教諭

〔**対象**〕2年生から

〔**場面**〕司書教諭：図書の授業の始まりに、読み聞かせの時間で。

〔**ひとこと**〕2年生「国語」の世界の昔話の単元時に。

しろいうさぎと
くろいうさぎ

ガース・ウィリアムズ著、まつおかきょうこ訳 福音館書店 1965.6 1冊 31cm（世界傑作絵本シリーズ・アメリカの絵本）1100円①4-8340-0042-7

〔推薦者①〕司書教諭

〔対象〕中・高学年

〔場面〕担任教師：日々の読み聞かせで。

〔推薦者②〕図書館指導員

〔対象〕低学年

〔場面〕図書の授業始めにじゅうたんの敷いてある場所で。

白いりゅう黒いりゅう
（中国のたのしいお話）

賈芝,孫剣冰編、君島久子訳 新装版 岩波書店 2003.5 186p 20cm（岩波世界児童文学集）1800円①4-00-115713-6

〔推薦者〕学校司書

〔対象〕低・中学年

〔場面〕学校司書：世界の昔話の学習の折などに読み聞かせ、もしくは寅年のはじめなどに。

〔ひとこと〕"こっつんこっつん" などのユニークな言い回しが効果的で、優しい語り口であるため、読み聞かせて

も、語ってもおもしろい話です。

しろがくろの
パンダです。

平田昌広作、平田景絵 国土社 2015.4 32p 26cm 1300円①978-4-337-01655-2

〔推薦者〕学校司書

〔対象〕低学年

〔場面〕図書館担当：図書の時間の読み聞かせ。

〔ひとこと〕読んでいくうちにそれぞれが助詞を考えて、楽しんでいました。

シロナガスクジラより
大きいものって
いるの？

R.E. ウェルズ作、せなあいこ訳 評論社 1999.4 1冊 21×29cm（児童図書館・絵本の部屋）1300円①4-566-00653-0

〔内容〕大きいってどんなこと？みじかなことからものの本質にせまります。やさしくユーモラスな「科学絵本」。

〔推薦者〕学校司書

〔対象〕中学年

〔場面〕学校司書：図書の時間の読み聞かせで。

〔**ひとこと**〕楽しい科学絵本。太陽オレンジ100個詰めなど、意表を突いた表現が出てきて、子どもたちは大変喜びます。

しんでくれた

谷川俊太郎詩、塚本やすし絵 佼成出版社 2014.4 30p 25×22cm 1300円 ①
978-4-333-02650-0

〔**内容**〕「いただきますって、なぜ言うの？」食べることは、いのちをいただくこと。谷川俊太郎詩の絵本。

〔**推薦者**〕図書館司書

〔**対象**〕中学年

〔**ひとこと**〕いのちの授業などの時に活用できる絵本。

————【す】————

すごいね！
みんなの通学路
（世界に生きる子どもたち）

ローズマリー・マカーニー文、西田佳子訳 西村書店 2017.7 1冊 23×29cm
1500円 ①978-4-89013-982-8

〔**内容**〕世界中の子どもたちが通学する姿をとらえた写真絵本。ノーベル平和賞受賞者、マララさんの写真を追加収録。

〔**推薦者①**〕学校司書

〔**対象**〕低学年

〔**場面**〕図書館担当：図書の時間の読み聞かせ。

〔**ひとこと**〕危険ながけや、橋などを通る子供たちの様子を見て、声があがりました。

〔**推薦者②**〕図書館指導員

〔**対象**〕低学年

〔**場面**〕担任：1年生、大雨で3校時登校になった日の読書の時間。

〔**ひとこと**〕国際理解に役立つ。通学にスポットを当てて話をしたいときに。

〔**推薦者③**〕学校司書

〔**対象**〕中学年

〔**場面**〕図書の時間。

〔**ひとこと**〕自然災害や生まれた国の環境、日本とは違う地球上のどこかの子どもたちの姿を真剣に聞く子どもたち。本文の漢字すべてにルビが振ってあり漢字が苦手な子にも優しい。2016年青少年読書感想文課題図書。

スズメぼうし

たつみや章作、広瀬弦絵 あかね書房 1997.1.30 168p 21cm おはなしフェスタ 1200円①4-251-04060-0

〔内容〕公園で見つけた、茶色くてふわふわのへんなぼうし。かぶってみたとたん、ヒロシのふしぎな冒険がはじまった。

〔推薦者〕教員・学校司書

〔対象〕中学年

〔場面〕担任教師：教室で10分程度を連続で。

〔ひとこと〕人とは別の視点で物を見る面白さ、カラスが違って見えるかも。

すっすっはっはっ こ・きゅ・う

長野麻子作、長野ヒデ子絵 童心社 2010.11 28p 19×27cm（絵本・こどものひろば）1300円①978-4-494-00752-3

〔内容〕呼吸ってすばらしい！声はまさしく呼吸から生まれ、言葉も音楽も呼吸から生まれる。呼吸は喜び、怒り、悲しみなど、さまざまな感情を表現できる私たちの命の源だ。ページをめくりながら呼吸をし、たくさんの声を出していろいろな気持ちを感じよう。なぜか不思議と楽しい気持ちになれるよ。

〔推薦者〕図書館司書

〔対象〕幼児～低学年

〔場面〕図書館司書：公共図書館のおはなし会。おはなし会の最初にすると、子どもたちの気持ちが解放されて、収拾がつかなくなったので、ラストがオススメ。

〔ひとこと〕絵本に合わせて、みんなで呼吸や声出しすると楽しい。道徳教材にも使えるかも？

ずーっと ずっと だいすきだよ

ハンス・ウィルヘルム絵・文、久山太市訳 評論社 1988.11 1冊 19×24cm（児童図書館・絵本の部屋）980円①4-566-00276-4

〔内容〕エルフィーとぼくは、いっしょに大きくなった。年月がたって、ぼくの背がのびる一方で、愛するエルフィーはふとって動作もにぶくなっていった。ある朝、目がさめると、エルフィーが死んでいた。深い悲しみにくれながらも、ぼくには、ひとつ、なぐさめが、あった。それは…

〔推薦者〕司書教諭

〔対象〕低学年

〔場面〕朝の時間や授業に入る前など、そのシーンに合わせて忍ばせたいそんな絵本です。1回で読み切って欲しい

です。

〔ひとこと〕大切な人の死にしっかり向き合うための1冊。

ずっとまもっているよ

メアリー・アン・フレイザー作、むらかみみづほ訳 福音館書店 2013.5 1冊 19×22cm（みつけようかがく）1300円①978-4-8340-2673-3

〔内容〕えほんでひらくかがくのとびら。こどもがおおきくなるまでおやはずっとずっとまもっている。

〔推薦者〕学校司書

〔対象〕低学年

〔場面〕学校司書：国語「どうぶつの赤ちゃん」の調べ学習の折などに。

〔ひとこと〕写実的な絵で、動物の子育てを紹介しながら、命や家族のことなどに思いが広がる本です。子どもたちに問いかけるような最後の一文が印象的です。

すてきなあまやどり

バレリー・ゴルバチョフ作・絵、なかがわちひろ訳 徳間書店 2003.5.31 1冊 29×22cm 1600円①4-19-861689-2

〔内容〕ざあざあぶりのにわかあめ。ブタくんは、大きな木の下で、あまや

どりしたはずなのに、なぜかびしょぬれ。どうしてかっていうとね…あまやどりの説明をするうち、だんだんエスカレートしていくブタくんのお話に、次のページをめくる手がとまらなくなっちゃうゆかいなどうぶつ絵本。最後にめくってびっくり、迫力の大判ページがついた「雨の絵本」決定版！3才から。

〔推薦者〕司書教諭、個人文庫主宰

〔場面〕文庫での6月のおはなし会の定番の読み聞かせ絵本。

〔ひとこと〕木の下にあまやどりする動物たちを、子どもたちで演じさせても面白い。

すてきな三にんぐみ

トミー・アンゲラー著 改訂版 偕成社 1983.3 1冊 30cm 1200円 ①4-03-327020-5

〔推薦者〕特別支援学校 教諭

〔対象〕全学年

〔場面〕担任による読み聞かせ。

〔ひとこと〕表紙が怖いので、「怖い！」という児童もいたが、読み進めるうちに、ドキドキの様子だった。

ブックガイド編　　　　　　　　　　　　　　　　　せかい

ステラのえほんさがし

リサ・キャンベル・エルンスト作、藤原宏之訳　童心社　2006.6.25　1冊　23×25cm　1400円①4-494-00739-0

〔内容〕ステラは、としょかんでかりた本をどこかになくしてしまいました。ステラは、としょかんのグラハム先生をがっかりさせたくはありません。さいごに本をみたのは…？ついせきがはじまり、本はつぎつぎにべつの人の手から手へ…。町のみんなをまきこんで、ステラの本さがしがはじまります。

〔推薦者〕司書教諭、個人文庫主宰

〔場面〕教室で、時間が余ったときに。読み聞かせをした後に、どんな絵本だったのか考えさせて、自由に発表させた。

〔ひとこと〕ステラがなくした絵本のストーリーを登場人物の言葉から想像するのが楽しい。

ストライプ（たいへん！しまもようになっちゃった）

デヴィッド・シャノン文と絵、清水奈緒子訳　セーラー出版　1999.7　1冊　29cm　1500円①4-88330-133-8

〔推薦者①〕学校司書

〔対象〕中学年

〔場面〕図書館担当：図書の時間の読み聞かせ。

〔ひとこと〕絵のインパクトがあるのか、引き込まれるように聞いている。

―――――――――――――――

〔推薦者②〕図書館司書

〔対象〕低学年

〔ひとこと〕奇抜なストーリーだが、個性を尊重することの大切さを教えてくれる。

――――――【せ】――――――

せかいいちうつくしいぼくの村

小林豊作・絵　ポプラ社　1995.12　39p　22×29cm（えほんはともだち）1200円①4-591-04190-5

〔内容〕きょう、ヤモははじめてとうさんとまちへいく。ロバのポンパーもいっしょだ。いちばですももやさくらんぼをうるのだ。

〔推薦者〕司書教諭

〔対象〕低学年

〔場面〕朝の時間や授業に入る前など、そのシーンに合わせて忍ばせたいそんな絵本です。1回で読み切って欲しい

子どもの心を動かす読み聞かせの本とは　　149

です。

〔ひとこと〕戦争を伝える、悲しく美しい絵本です。

せかいいちおいしいスープ（あるむかしばなし）

マーシャ・ブラウン文・絵、こみやゆう訳 岩波書店 2010.4 1冊（ページ付なし）26cm（大型絵本）1600円 ①978-4-00-111217-7

〔推薦者〕図書館司書

〔対象〕高学年

〔場面〕司書：国語の時間に行う読み聞かせで。

〔ひとこと〕戦争が終わり故郷に帰る途中、お腹を空かせた3人の兵隊が窮地を乗り越えるために考え出したスープ作りとは。

せかいでいちばんつよい国

デビッド・マッキー作、なかがわちひろ訳 光村教育図書 2005.4 30p 25×28cm 1500円 ①4-89572-644-4

〔内容〕せかいじゅうの人びとをしあわせにするためにせかいじゅうをせい

ふくした、ある大きな国のだいとうりょうのおはなし。

〔推薦者〕学校司書

〔対象〕低・中学年

〔場面〕図書室：国語で戦争関連の学習をしている時に。

世界でいちばん貧しい大統領のスピーチ

くさばよしみ編、中川学絵 汐文社 2014.3 32p 25×22cm 1600円 ①978-4-8113-2067-0

〔内容〕2012年、ブラジルのリオデジャネイロで国際会議が開かれました。環境が悪化した地球の未来について、話し合うためでした。世界中から集まった各国の代表者は、順番に意見をのべていきました。しかし、これといった名案は出ません。そんな会議も終わりに近づき、南米の国ウルグアイの番がやってきました。演説の壇上に立ったムヒカ大統領。質素な背広にネクタイなしのシャツすがたです。そう、かれは世界でいちばん貧しい大統領なのです。給料の大半を貧しい人のために寄付し、大統領の公邸には住まず、町からはなれた農場で奥さんとくらしています。花や野菜を作り、運転手つきの立派な車に乗るかわりに古びた愛車を自分で運転して、大統領の仕事に向かいます。身なりをかまうことなく働く

ムヒカ大統領を、ウルグアイの人びとは親しみをこめて「ペペ」とよんでいます。さて、ムヒカ大統領の演説が始まりました。会場の人たちは、小国の話にそれほど関心をいだいてはいないようでした。しかし演説が終わったとき、大きな拍手がわきおこったのです。

〔推薦者〕小学校特別支援教室専門員

〔対象〕高学年

〔ひとこと〕ムヒカ大統領の来日にあわせて読み聞かせ。シーンとして聞き、"本当の贅沢"について、それぞれが考えていました。

世界にひとつしかクリスマスツリーがなかったら

池谷剛一文・絵 パロル舎 2007.10.18 1冊 25×25cm 1500円 ①978-4-89419-071-9

〔内容〕けんかも戦争もなくして…たったひとつのツリーに聖なる夜の願いごと。クリスマスに起こった奇跡の物語。

〔推薦者〕司書教諭、個人文庫主宰

〔場面〕文庫のクリスマス会の時に、読み聞かせしている。

〔ひとこと〕クリスマスツリーにかざる短冊に何を書くのか、考えさせることができる。

ぜつぼうの濁点

原田宗典作、柚木沙弥郎絵 教育画劇 2006.7 1冊 27×22cm 1300円 ①4-7746-0703-7

〔内容〕昔むかしあるところに言葉の世界がありましてその真ん中におだやかなひらがなの国がありました。ひらがなの国でおきたふしぎなお話です。

〔推薦者①〕学校司書

〔対象〕高学年

〔場面〕図書の時間の読み聞かせ。言葉の妙や絵本は小さい子だけのものではない、という話をする際に使用します。

〔ひとこと〕濁点がついたりとれたりすることで意味が異なる、ということを楽しむ絵本。語彙の増えた高学年だからこそ楽しめる絵本です。

―――――――――――――――――

〔推薦者②〕学校司書

〔対象〕高学年

〔場面〕学校図書館司書として図書館の時間に読んだ

〔ひとこと〕日本語のおもしろさが分かる本です。ラストのどんでん返しを楽しめる学年に。

―――――――――――――――――

〔推薦者③〕学校司書

〔対象〕高学年

〔場面〕学校司書：図書の時間の読み聞かせ。

〔ひとこと〕濁点の付く付かないの違いをよりはっきりさせるため、それぞれの言葉を大きく印刷したものを見せながら読み聞かせしましたそうすることで、この絵本の持つ深いテーマが、より際立つ気がします。子どもたちは、しんとして聞いています。

〔推薦者④〕学校司書

〔対象〕高学年

〔場面〕図書の時間。卒業前のブックトークや読み聞かせで紹介。

〔ひとこと〕「絶望」と「希望」。何かに悩んでいる子どもたち、特に思春期の子どもたちに読んでほしい、出会ってほしい1冊。

ゼラルダと人喰い鬼

トミー・ウンゲラー著、たむらりゅういち・あそうくみやく　評論社 1977.9 1冊 31cm（児童図書館・絵本の部屋）980円①978-4-56600-111-4

〔推薦者①〕学校司書

〔対象〕中学年

〔場面〕図書館担当：図書の時間の読み聞かせ。

〔ひとこと〕なぜか本の題名は覚えてくれないのに、人気のある本でリクエストされる。

〔推薦者②〕特別支援学校 教諭

〔対象〕全学年

〔場面〕学校図書館支援員による本の紹介。

〔ひとこと〕表紙の絵が怖くて、最後まで読めない児童もいた。

せんたくかあちゃん

さとうわきこ著 福音館書店 1982.8 30p 20×27cm（こどものとも傑作集）800円①4-8340-0897-5

〔推薦者〕学校司書

〔対象〕低学年

〔場面〕図書室：梅雨時に。

〔ひとこと〕とにかく楽しめる本。

──────【そ】──────

ゾウの長い鼻には、おどろきのわけがある！

山本省三文、喜多村武絵、遠藤秀紀監修 くもん出版 2008.3 1冊 26cm（動物ふしぎ発見）1400円①978-4-7743-1360-3

〔内容〕なぞだらけの動物の世界。体

のふしぎや進化のひみつを、自分の目でたしかめながら明らかにしていく動物学者の研究をえがくシリーズ。

〔推薦者〕学校司書

〔対象〕中学年

〔場面〕学年司書：図書の時間を使って、この本が紹介されている4年生の国語教科書の単元に合わせて。

〔ひとこと〕ゾウの鼻についての推論が、自分で読んだ場合、難しいと感じる子がいるかもしれません。子どもたちといっしょに考えなら読み聞かせることで、科学的推論のおもしろさを伝えます。

そらいろ男爵

ジル・ボム文、ティエリー・デデュー絵、中島さおり訳 主婦の友社 2015.8 1冊 28×20cm 1300円①978-4-07-411507-5

〔内容〕そらいろの飛行機でだれにもじゃまされずに鳥をながめていたそらいろ男爵。けれども、地上で、戦争がはじまって―第一次世界大戦開戦から100年目にあたる2014年にフランスで刊行され、すぐれた児童書に贈られる「サン＝テグジュペリ賞」（絵本部門）（2014）を受賞。

〔推薦者〕司書教諭

〔対象〕中学年以上

〔場面〕司書教諭：図書の授業の始ま りに、読み聞かせの時間で。

そらまめくんとながいながいまめ

なかやみわ作・絵 小学館 2009.4 1冊 19×28cm 創作絵本シリーズ 838円① 978-4-09-726192-6

〔内容〕そらまめくんがひるねをしていると、「そらまめくーん！おきて、おきて！」グリーンピースのきょうだいがあわててやってきました。

〔推薦者〕幼稚園教諭

〔対象〕幼児

そらまめくんのベッド

なかやみわさく・え 福音館書店 1999.9 27p 20×27cm （〈こどものとも〉傑作集）743円①4-8340-1629-3

〔推薦者①〕司書教諭

「そらまめくんのベッド」
なかやみわさく・え 福音館書店

〔対象〕低学年

〔場面〕担任教師：生活科のそらまめのかわむきの授業で。

〔推薦者②〕特別支援学校 教諭

〔対象〕全学年

〔場面〕学校図書館支援員による本の紹介。

〔ひとこと〕絵がかわいく、人気あり。

〔推薦者③〕図書館指導員

〔対象〕低学年

〔場面〕図書の授業始めにじゅうたんの敷いてある場所で。

ぞろりぞろりと やさいがね

ひろかわさえこ作 偕成社 2017.10 1冊 25×21cm 1400円①978-4-03-232490-7

〔内容〕だいどころのかたすみですっかりふるくなったやさいたち。つきよのばんに、ぞろりぞろりとでかけます。さて、どこにいくのでしょう？4歳から。

〔推薦者〕学校司書・絵本専門士

〔対象〕全学年

〔場面〕給食週間など道徳や総合に絡めて。

〔ひとこと〕食品ロスについて考える

きっかけに繋がります。野菜を育てている学年（2年）には収穫後はおいしいうちに食べてねと話します。3Rの授業にも繋がります。巻末の野菜の話について触れ、自学へ繋ぎます。

―――――【 た 】―――――

だいじょうぶ だいじょうぶ

いとうひろし作・絵 大型版 講談社 2006.10 31p 30cm（講談社の創作絵本）1300円①4-06-132335-0

〔内容〕心配しなくても「だいじょうぶ」。無理しなくても「だいじょうぶ」。それは、おじいちゃんのやさしいおまじない。子どもたちのしなやかな強さを育むのはもちろん、すこし疲れた大人にも前を向く力を与えてくれる絵本です。

〔推薦者①〕司書教諭、ボランティア

〔対象〕中学年

〔場面〕担任教師：朝の読書で読み聞かせ。

〔ひとこと〕今までは、おじいちゃんがぼくを支えてくれた。今度はぼくがおじいちゃんを支えます。

〔推薦者②〕学校司書

〔対象〕低学年

〔場面〕図書の時間を利用して、命の大切さと考える日、または敬老の日近くなどに。

〔ひとこと〕静かに語りかけるように読み聞かせることで、この絵本にある大きな励ましが子どもたちにも伝わるようです。

たいせつなこと

マーガレット・ワイズ・ブラウン作、レナード・ワイスガード絵、うちだややこ訳 フレーベル館 2001.9 1冊 26×20cm（ほんやく絵本）1200円①4-577-02288-5

〔内容〕世界中でながく愛されつづけている『おやすみなさいのほん』のマーガレット・ワイズ・ブラウンとカルデコット賞受賞画家のレナード・ワイスガードのコンビがおくる一冊。日々、目にうつるものたちを新鮮なおどろきをもって自由にとらえたこの本は、1949年に最初に出版されて以来おおくの人々によみつがれている。

〔推薦者〕司書教諭

〔対象〕高学年

〔場面〕朝の時間や授業に入る前など、そのシーンに合わせて忍ばせたいそんな絵本です。1回で読み切って欲しいです。

〔ひとこと〕いつも心の中に忘れずにいたい大切なことに改めて気づかせてくれる1冊。

大草原のとしょかんバス（としょかんバス・シリーズ2）

岸田純一作、梅田俊作絵 岩崎書店 1996.9 32p 25×25cm（絵本の泉）1400円①4-265-03336-9

〔内容〕きょうはポカポカいい天気。草原をあるいていたぼくはおっちゃんに声をかけられて本を山ほどつんだバスにのるはめになった。ひろい牧場のまんなかで牛に絵本をよんだりしゅうかく祭でベコおどりのなかまいりしたりおかしな一日だった。

〔推薦者〕学校司書

〔対象〕中学年

〔場面〕図書担当：図書のオリエンテーション。

〔ひとこと〕適当な感じのおじさんの話が面白く、びっくりする最後なので、よく聞いていた子どもの驚き方は見ていて楽しい。

だいふくもち

田島征三著 福音館書店 1977.4 31p 20×27cm（こどものとも傑作集）800円

①4-8340-0524-0

〔推薦者〕図書館司書

〔対象〕幼児～高学年

〔場面〕図書館司書：公共図書館のおはなし会／ボランティア：学校の朝の読み聞かせ。

〔ひとこと〕低学年でも楽しめるが、怖さが分かるのは、大きくなってから。

タコやん

富安陽子ぶん、南伸坊え 福音館書店 2019.6 30p 26cm（［日本傑作絵本シリーズ］）1300円①978-4-8340-8465-8

〔推薦者〕図書館司書

〔対象〕低学年

〔ひとこと〕繰り返し要素やオノマトペもあり、ストーリーのリズムがよい。

だじゃれどうぶつえん

中川ひろたか著、高畠純画 絵本館 1999.4 1冊 18cm 800円①4-87110-132-0

〔推薦者〕司書教諭

〔対象〕中学年

〔場面〕担任教師：日々の読み聞かせで。

たなばたプールびらき

中川ひろたか文、村上康成絵 童心社 1997.5 1冊 21×23cm（ピーマン村の絵本たち）1300円①4-494-00577-0

〔推薦者〕図書館指導員

〔対象〕低学年

〔場面〕図書の授業始めにじゅうたんの敷いてある場所で。

〔ひとこと〕七夕が近かったので。とりかえっこ。

たまたまのめだまやき

渡辺有一絵作 ポプラ社 1977.12 32p（絵本のせかい（16））800円①978-4-591-00513-2

〔推薦者〕司書教諭

〔対象〕低学年

〔場面〕司書教諭：図書の授業の始まりに、読み聞かせの時間で。

〔ひとこと〕土曜登校の日に。

だめよ、デイビッド

デイビッド・シャノン作、小川仁央訳 評論社 2001.4 1冊 29×22cm（児童図書館・絵本の部屋）1300円①4-566-00710-3

〔内容〕やんちゃなデイビッドはだめ！だめ！だめよ！とママにおこられてばっかり。あげくのはてにだいしっぱい…。

〔推薦者〕学校司書

〔対象〕低・中学年

〔場面〕図書の時間。低学年クラスの道徳授業で教員が読み聞かせもしました。また小学校外国語活動担当教諭よりこの「英語版」で授業したいとの相談を最近受けました（具体的な対象学年はまだ聞いていません）。

〔ひとこと〕最後のページ、ダメばかり言われているディビッドが母親にハグしてもらうシーンをみて、安堵する子どもたち。貸出も人気。

だれも知らない 小さな国

佐藤さとる著　講談社　2007.1　245p　18cm（講談社青い鳥文庫）620円①4-06-147032-9

〔内容〕こぼしさまの話が伝わる小山は、ぼくのたいせつにしている、ひみつの場所だった。ある夏の日、ぼくはとうとう見た―小川を流れていく赤い運動ぐつの中で、小指ほどしかない小さな人たちが、ぼくに向かって、かわいい手をふっているのを！日本ではじめての本格的ファンタジーの傑作。小学上級から。毎日出版文化賞。

〔推薦者〕司書教諭、ボランティア

〔対象〕高学年

〔場面〕担任教師：給食時間や隙間時間に読み聞かせ。

〔ひとこと〕小人が本当にいたら。楽しいだろうなと思いを広げました。

だんしゃく王と メークイン女王 〈食べるのだいすき よみきかせ絵本〉

苅田澄子文、北村裕花絵　講談社　2018.6　1冊　27×22cm（講談社の創作絵本）1400円①978-4-06-511743-9

〔内容〕じゃがいもたちの願いは、たったひとつ。いつか、カレーライスの具になること！よみきかせ：3歳ごろから、ひとりよみ：6歳ごろから。

〔推薦者〕学校司書・絵本専門士

〔対象〕低・中学年

〔場面〕給食週間食育の授業の時、新じゃがの季節。

〔ひとこと〕給食週間に栄養教諭や栄養士と共に授業をする時に読みます。学校司書としては、植物として食べ物として、そして栽培方法。ジャガイモからあらゆる棚に目を向けさせます。『ジャガイモの絵本』も合わせて紹介します。

子どもの心を動かす読み聞かせの本とは　157

たんた   ブックガイド編

タンタンタンゴは
パパふたり

ジャスティン・リチャードソン，ピーター・パーネル文、ヘンリー・コール絵、尾辻かな子，前田和男訳 ポット出版 2008.4 1冊 23×29cm 1500円①978-4-7808-0115-6

〔内容〕動物園にはいろんな家族がいます。でも、ペンギンのタンゴの一家はそのどれともちがっていました─。本当にあったペンギンの家族のお話。米国図書館協会の Notable Children's Book に選定。数々の賞を受賞した話題作。

〔推薦者〕学校司書

〔対象〕中・高学年

〔場面〕図書の時間に、LGBT の本を紹介する中で最後に読み聞かせ。

〔ひとこと〕LGBT についてソフトに考えさせることができる本。家族を持つことのすばらしさがテーマにあるので、そういう文脈で読み聞かせることもできます。

たんぽぽ

平山和子ぶん・え、北村四郎監修 福音館書店 1976.4（34刷：2000.5）23p 26cm（かがくのとも傑作集）838円①4-8340-0470-8

〔推薦者①〕司書教諭

〔対象〕低学年

〔場面〕生活科担任教師：生活科の授業で。

〔推薦者②〕放課後ディ児童指導員、おはなし、読み聞かせ図書館ボランティア

〔対象〕低・中学年

〔場面〕ボランティア：朝の10分、15分の読み聞かせの時間で。

〔ひとこと〕絵のすばらしさに子どもたちはひきつけられるようです。春にぜひ。

───【ち】───

ちいさなねこ

石井桃子著、横内襄画 福音館書店 1967.1.20 27p 19×27cm（こどものとも傑作集〈33〉）743円①4-8340-0087-7

〔推薦者〕公共図書館スタッフ

〔対象〕低学年

〔場面〕学校での読み聞かせの時間。

〔ひとこと〕こねこが無事にお母さんのもとに帰ることができるか心配になる。

ちいさなはくさい

くどうなおこ作、ほてはまたかし絵
小峰書店 2013.4 1冊 28×22cm（に
じいろえほん）1400円 ①978-4-338-
26110-4

〔内容〕いっち・に・さん・し・おお
きくなろう。ちいさなはくさいとかき
のきの心あたたまる話。

〔推薦者〕学校司書

〔対象〕低学年

〔場面〕図書の時間の読み聞かせ。冬
から春にかけて、季節に合わせたお話
として使用します。

〔ひとこと〕くどうなおこさんの「の
はらうた」や冬の野菜の話などにつな
げやすい、やさしいお話。

ちいさな魔女と
くろい森

石井睦美作、岡田千晶絵 文溪堂
2019.4 1冊 27×22cm 1500円 ①978-4-
7999-0314-8

〔内容〕満月の夜、ちいさな魔女はい
ちわのカラスをつれておおきな魔女と
いっしょに北の国にむかいます。その
森はびょうきで、魔女たちがきてくれ
るのをまっているのです。森を守る魔
女の成長を描く絵本。

〔推薦者〕図書館司書

〔対象〕低学年

〔ひとこと〕一生懸命にやることで自
分でできるようになるという、主人公
がひとつ成長するお話。

チムとゆうかんな
せんちょうさん

エドワード・アーディゾーニ作、せた
ていじ訳 福音館書店 2001.6 47p 26cm
（世界傑作絵本シリーズ）チムシリー
ズ1 1300円 ①4-8340-1711-7

〔内容〕「やあ、ぼうず、こっちへこ
い。なくんじゃない。いさましくしろ
よ。わしたちは、うみのもくずときえ
るんじゃ。なみだなんかはやくにたた
んぞ」世代をこえて子ども達を魅了し
てきた、幼年海洋文学の古典。巨匠アー
ディゾーニ生誕100年を記念し、本国
イギリスで新版にて刊行されたシリー
ズの第1巻。読んであげるなら5才から。
自分で読むなら小学校初級から。

〔推薦者〕ボランティア

〔対象〕中学年

〔場面〕学校でのお話会、学童など。

〔ひとこと〕チムが船に残るところか
らぴったりついてきて、嵐の場面は息
をつめて聞き入っています。

チャールズのおはなし

ルース・エインズワースさく、上條由美子やく、菊池恭子え 福音館書店 2000.1 131p 22cm 1200円①4-8340-1641-2

〔推薦者〕学校司書

〔対象〕低学年

〔場面〕我が息子が寝るときに。

〔ひとこと〕なんでも集めるチャールズ。自分と似た主人公の追体験をする息子は、大きな水色のゴミ袋を「なんでも袋」にしました。

「チュウチュウ通り」シリーズ（1番地～10番地）（チュウチュウ通りのゆかいななかまたち〈1〉～〈10〉）

エミリー・ロッダ作、さくまゆみこ訳、たしろちさと絵 あすなろ書房 9720円

〔内容〕

『ゴインキョとチーズどろぼう - チュウチュウ通り1番地』2009.9.15 46p 19cm（B6）900円①978-4-7515-2591-3

『クツカタッポと三つのねがいごと - チュウチュウ通り2番地』2009.9.15 47p 19cm（B6）900円 ①978-4-7515-2592-0

『フィーフィーのすてきな夏休み - チュウチュウ通り3番地』2010.1.30 46p 19×14cm 900円 ①978-4-7515-2593-7

『レインボーとふしぎな絵』2010.4.20 46p 19×14cm 900円 ①978-4-7515-2594-4

『チャイブとしあわせのおかし - チュウチュウ通り5番地』2010.7.30 46p 19cm（B6）900円①978-4-7515-2595-1

『クイックと魔法のスティック - チュウチュウ通り6番地』2010.10.20 46p 19cm（B6）900円①978-4-7515-2596-8

『レトロと謎のボロ車』2010.11.15 46p 19cm（B6）900円 (I) 978-4-7515-2597-5

『マージともう一ぴきのマージ - チュウチュウ通り8番地』2011.1.30 46p 19×14cm 900円①978-4-7515-2598-2

『セーラと宝の地図 - チュウチュウ通り9番地』2011.3.30 46p 19cm（B6）900円①978-4-7515-2599-9

『スタンプに来た手紙 - チュウチュウ通り10番地』2011.4.30 46p 19×14cm 900円①978-4-7515-2600-2

〔推薦者〕司書教諭、個人文庫主宰

〔場面〕朝の読み聞かせで、何日かに分けて読み聞かせをした。

〔ひとこと〕ハッカネズミの町で起こるネズミたちの楽しい物語。一巻48

ページ足らずで、読むのに手頃の分量である。

注文の多い料理店

宮沢賢治作、いもとようこ絵 金の星社 2018.1 1冊 30cm（大人になっても忘れたくない いもとようこ名作絵本）1400円 ①978-4-323-03896-4

〔**内容**〕山に狩猟に入ったふたりの紳士のまえにあらわれた西洋料理店"山猫軒"。さあごいっしょに入ってみましょう！宮沢賢治の人気作が登場—

〔**推薦者①**〕司書教諭

〔**対象**〕高学年

〔**場面**〕担任教師：国語の授業に合わせて担任教師。

〔**推薦者②**〕司書教諭、ボランティア

〔**対象**〕高学年

〔**場面**〕担任教師：朝の読書に読み聞かせ。

〔**ひとこと**〕自分がその場に居合わせたらと思うと、ドキドキします。

チョコレートが
おいしいわけ

はんだのどか作 アリス館 2010.2 32p 29×22cm 1500円 ①978-4-7520-0465-3

〔**内容**〕チョコレートはどうしておいしいんだとおもう？そのひみつをしりたかったら、このえほんをみてね。これは、いろんな国やいろんな人がつながって、わたしたちのところまで、おいしいおいしいチョコレートがやってくるまでのおはなしです。

〔**推薦者**〕図書館司書

〔**対象**〕幼児〜高学年

〔**場面**〕図書館司書：公共図書館のおはなし会／ボランティア：学校の朝の読み聞かせ。

〔**ひとこと**〕現地の労働者にチョコを食べさせるというラストは、低学年には難しいが、高学年には説明してもよいかも。見開きチョコ一色の場面が、とてもおいしそう。一面大量チョコの場面の、へんな形のチョコ2個は、裏見開きにあるカカオの生産地アフリカと南アメリカ大陸。犬や少年や、見開きに説明されている道具の、探す絵本ともなっている。製造過程も面白いし、「からすのパンやさん」みたいな大量チョコのページが楽しい。

チワンのにしき

君島久子著、赤羽末吉画 ポプラ社 1977.7 32p 27cm 1200円 ①4-591-01859-8

〔**推薦者**〕司書教諭

〔**対象**〕2年生から

〔場面〕司書教諭：図書の授業の始まりに、読み聞かせの時間で。

〔ひとこと〕2年生「国語」の世界の昔話の単元時に

———【つ】———

築地市場
（絵でみる魚市場の
一日）

モリナガヨウ作・絵 小峰書店 2015.12 31p 31×22cm（絵本地球ライブラリー）1500円①978-4-338-28205-5

〔内容〕みんなが食べてる魚はどこからやってくる？豊洲への移転をひかえた市場の今を感謝の気持ちをこめて徹底取材！

〔推薦者〕小学校特別支援教室専門員

〔対象〕全学年／支援学級

〔ひとこと〕どんな子も楽しめる本。読書が苦手な子も、探し絵をし、どんな子どもも楽しめる本。

綱渡りの男

モーディカイ・ガースティン作、川本三郎訳 小峰書店 2005.8 1冊 29×22cm

（FOR YOU 絵本コレクション「Y.A.」）1600円①4-338-20204-1

〔内容〕1974年8月7日、完成間近のニューヨーク・世界貿易センターのツイン・タワーの間を、綱渡りした男がいた！若き大道芸人・フィリップ・プティが地上400メートルの高さで繰り広げるパフォーマンス。いまはなきタワーの思い出として、人々の驚嘆と喜びを描いた迫力ある絵本。2004年コールデコット賞ボストングローブ・ホーンブック賞「絵本部門」受賞。

〔推薦者①〕学校司書

〔対象〕高学年

〔場面〕図書の時間。運動会の近づいたころに。または9.11前後に。

〔ひとこと〕実話をもとにした途方もない話であるということで、子どもたちの心を引きつけます。うけます。運動会練習で、バランスの大切さに関心を持つ頃に読み聞かせます。アメリカ同時多発テロに関連した話でもあるので、色々なことを感じさせることができる本です。

〔推薦者②〕図書館司書

〔対象〕低学年

〔ひとこと〕意外と臨場感があるので、高所恐怖症の子は苦手かも。

ブックガイド編　　　　　　　　　　　　　　てしな

強くてゴメンね

令丈ヒロ子作、サトウユカ絵 あかね
書房 2007.12 156p 21×16cm（スプ
ラッシュ・ストーリーズ）1100円①
978-4-251-04402-0

〔内容〕シバヤスこと柴野是康は、美
少女のクラスメート・陣大寺あさ子が、
とんでもない怪力の持ち主だと知って
しまう！「ないしょにしてて」…とた
のまれ、シバヤスのへいぼんな日常は
一変。小学5年生男子の、甘さやしょっ
ぱさを描いたラブの物語。

〔推薦者〕学校司書

〔対象〕4年生

〔場面〕「図書の時間」（週一回、国語
からの授業時間）の読み聞かせ。

〔ひとこと〕男子も楽しんでいます。
表紙絵で手に取らないのがもったいな
いので紹介しています。

────【 て 】────

できるかな？
（あたまから
つまさきまで）

エリック・カール作、工藤直子訳 偕
成社 1997.10 25p 31×22cm 1200円①

4-03-327750-1

〔内容〕絵本の動物といっしょに、頭
や手足を動かしてみよう！すこしずつ
まねっこゲームをしながらくり返し続
けると、ダンスがうまくなったり、ス
ポーツ選手のようにみごとな体そう
だってできるようになるよ。さあ、やっ
てみよう。

〔推薦者〕図書館司書、読み聞かせボ
ランティア

〔対象〕幼児〜低学年

〔場面〕図書館司書：おはなし会。

〔ひとこと〕いろいろな動物にいろい
ろな動きが楽しいです。低学年だとも
ぞもぞ動き出します。

てじな

土屋富士夫作 福音館書店 2007.5 23p
22×21cm（幼児絵本シリーズ）743円
①978-4-8340-2271-1

〔内容〕さあて、ごらんのとおりの2ほ
んのわ。まほうのことばをかけますよ。
あんどら、いんどら。

〔推薦者〕学校司書

〔対象〕低学年

〔場面〕クラスでの読み聞かせ。

〔ひとこと〕ページをめくるごとに、
おまじないを一緒に唱える声が大きく
なります。

子どもの心を動かす読み聞かせの本とは　163

てとゆび
（かがくのとも特製版）

堀内誠一ぶん・え 福音館書店 2006.11
838円①978-4-8340-0710-7

〔推薦者〕図書館司書、読み聞かせボ
ランティア

〔対象〕中学年以上

〔場面〕図書館司書：おはなし会。

〔ひとこと〕聞いている子どもたちも、
次第に手や指を動かしはじめます。

天使のかいかた

なかがわちひろ作・絵 理論社 2002.11
85p 21cm（おはなしパレード）1000円
①4-652-00901-1

〔内容〕ようちゃんはイヌ、かなちゃ
んもネコをかっている。でも私は何も
かってもらえない。そんな時、はらっ
ぱでひろったものは…。

〔推薦者〕学校司書

〔対象〕低学年

〔場面〕図書担当：図書の時間の読み
聞かせ。

〔ひとこと〕絵は小さいが天使がとて
もかわいく、よく聞いてくれる。

——— 【 と 】 ———

桃源郷ものがたり

松居直文、蔡皋絵 福音館書店 2002.2
1冊 29×31cm 1600円①4-8340-1799-0

〔推薦者〕学校司書

〔場面〕学校図書館司書として図書館
の時間に読んだ

〔対象〕高学年

〔場面〕学校図書館司書として図書館
の時間に読んだ

〔ひとこと〕中国の古典を原作とした
絵本です。大判なので、見開きいっぱ
いに広がる絵をみんなで楽しめます。

どうするどうする
あなのなか

きむらゆういち文、高畠純絵 福音館
書店 2008.6 1冊 31×19cm 1300円①
978-4-8340-2366-4

〔内容〕深い穴に落ちてしまった敵同
士の野ねずみと山猫は、穴から出る方
法を考えます。

〔推薦者①〕司書教諭

〔対象〕低学年

〔場面〕図書の授業。

〔ひとこと〕穴の中におちてしまった

ノネズミとヤマネコが、どうやってこ
こから出ようかと考えている過程が楽
しい。

〔推薦者②〕図書館司書

〔対象〕低学年

〔場面〕おはなし会（図書館・定例）。

〔ひとこと〕秀逸なオチ！

どうぞのいす

香山美子作、柿本幸造絵 ひさかたチャ
イルド 2007.4 32p 25cm 1000円①978-
4-89325-250-0

〔内容〕うさぎさんが、ちいさないす
をつくって、のはらのきのしたにおき
ました。そのそばに「どうぞのいす」
とかいたたてふだもたてました。ある
ひ、ろばさんが、どんぐりのはいった
かごをおいて、ひるねをしているうち
に…。

〔推薦者〕図書館指導員

〔対象〕低学年

〔場面〕図書の授業始めにじゅうたん
の敷いてある場所で。

どうぶつさいばん
ライオンのしごと

竹田津実作、あべ弘士絵 偕成社

2004.9 32p 24×29cm 1400円 ①4-03-
331360-5

〔内容〕タンザニアの草原にたつ一本
のイチジクの木。大きなイチジクの木
は、ずっとずっとむかしから草原をな
がめていました。イチジクの木はたく
さんのことをしっています。草原は
ずっとかわらないこともしっていま
す。そのイチジクの木のもとでくり広
げられる「どうぶつさいばん」。うっ
たえたのはヌー。うったえられたのは
ライオン。かずかずの証言、タンザニ
アの草原、ライオンに罪はあるのか？
長年、野生動物の獣医として動物を診
続けてきた著者竹田津実と、動物園の
飼育係として20年以上、動物と生活を
共にしていた画家あべ弘士が、動物た
ちのあるがままの姿を語る絵本。5歳
から。

〔推薦者〕司書教諭、個人文庫主宰

〔場面〕人は他の生き物の命をいただ
いて生きていることを考えさせたく
て、道徳の時間などに読み聞かせを
した。

〔ひとこと〕ライオンがヌーを殺して
食べたことは有罪か無罪か、判決が出
る前で読み聞かせをやめて、子どもた
ちに考えさせる。

どうぶつしんちょう そくてい

聞かせ屋。けいたろう文、高畠純絵 アリス館 2014.8 1冊 26cm 1300円 ① 978-4-7520-0680-0

〔内容〕きょうはどうぶつえんのしんちょうそくてい。どうぶつたちは、じょうずにはかれるでしょうか？

〔推薦者〕学校司書

〔対象〕低・中学年

〔場面〕図書の時間。

〔ひとこと〕新学期、2学期始め、など健康測定のときなどにも活用できます。また、新入学児童の説明会場（園児の入学前健診の子どもたち待合室となった学校図書館等）でも活躍。ビックブックもあります。ただし、低身長など成長障害（？）の児童がいる場合は、担任やSC、SSW等と相談する等、配慮が必要かと想います。

どうぶつたいじゅう そくてい

聞かせ屋。けいたろう文、高畠純絵 アリス館 2014.11 1冊 27×19cm 1300円 ①978-4-7520-0681-7

〔内容〕きょうはどうぶつえんのたいじゅうそくてい。どうぶつたちは、じょうずにはかれるでしょうか？「どうぶつしんたいそくてい」シリーズ第2弾！

〔推薦者〕学校司書

〔対象〕低・中学年

〔場面〕図書の時間。

〔ひとこと〕同上。

時計つくりのジョニー

エドワード・アーディゾーニ作、あべきみこ訳 こぐま社 1998.7 1冊 26cm 1300円①4-7721-0147-0

〔内容〕ジョニーは手先が器用で、ものを作るのが大好きな男の子。ある日、ジョニーはほんものの大時計を作ろうと心に決めます。ところが、両親や先生は「そんなことできっこないよ」と、まるで相手にしません…。はたして、ジョニーの大時計はできあがるでしょうか。

〔推薦者〕学校司書

〔対象〕低学年

〔場面〕わが家で息子に読み聞かせ。

〔ひとこと〕ものづくり（壊すことも）好きな小さい男の子が。

どこいったん

ジョン・クラッセン作、長谷川義史訳 クレヨンハウス 2011.12.5 1冊 30cm

1500円 ①978-4-86101-199-3

〔内容〕くまがだいじなあかいぼうしをさがしています。いろんななかまにききました。いろいろさがしました。…だけどちょっとまって。

〔推薦者〕公共図書館スタッフ

〔対象〕全学年

〔場面〕学校での読み聞かせの時間。

〔ひとこと〕関西弁で心の動きを展開していく所が面白い。

としょかんねずみ

ダニエル・カーク文・絵、わたなべてつた訳 瑞雲舎 2012.1 1冊 28×22cm 1600円 ①978-4-916016-94-2

〔内容〕サムは、図書館に住むねずみです。子どもの調べものコーナーのうしろの、小さな穴のなかで暮らしています。サムは、とにかく本を読むのが大好き。いろいろな本をたくさん読んで、とうとう素晴らしいことを思いつきました。「自分で本を書いてみよう!」書けば誰かに読んでもらいたいもの。サムは、夜のうちにこっそり、自分の本を図書館の棚に並べてみました。するとその本を読んだ人たちは大絶賛!「この作家に会いたい」と言い出したから、さあたいへん。その時サムがとった行動とは…。本を読むこと、書くことの素晴らしさを伝える図書館ねずみサムシリーズ第1巻。

〔推薦者〕学校司書

〔対象〕中学年

〔場面〕図書の時間。

〔ひとこと〕読書週間に読み聞かせして、主人公のねずみのサムのやったやり方(最後のシーン/作家に会おう)を「読書週間イベント」に取り入れる学校現場もあるようです(自校でもやりたい企画)。

としょかんライオン

ミシェル・ヌードセン作、ケビン・ホークス絵、福本友美子訳 岩崎書店 2007.4 1冊 30×26cm(海外秀作絵本) 1600円 ①978-4-265-06817-3

〔内容〕としょかんは、まちのひとたちが、ほんをよんだり、かりたりするところ。としょかんには、だれでもは

「としょかんライオン」
ミシェル・ヌードセン作、ケビン・ホークス絵 岩崎書店

いれます。ライオンでも？あるひ、まちのとしょかんに、おおきなライオンがやってきました。

〔推薦者①〕司書教諭

〔対象〕中学年

〔場面〕担任教師：道徳の副読本として。

〔推薦者②〕学校司書

〔対象〕全学年

〔場面〕学校図書館司書として図書館の時間に読んだ

〔ひとこと〕図書館では静かにという教訓ではなく、ただただ図書館とライオンはしっくりくるなぁという観点で。

〔推薦者③〕学校司書

〔対象〕低学年

〔場面〕図書室：読書旬間などの図書館イベントのときに。

〔ひとこと〕クラスにちょうど良い大きさ。

どのはないちばんすきなはな？

いしげまりこぶん、わきさかかつじえ 福音館書店 2017.3 20p 20×20cm（0.1.2.えほん）800円 ①978-4-8340-8322-4

〔推薦者〕図書館司書

〔対象〕幼児〜低学年

〔場面〕図書館司書：公共図書館のおはなし会。

〔ひとこと〕春のおはなし会の出だしに使いやすい。シンプルな花の絵は、子どもっぽくないのでもっと上の学年でもよいかも？春におすすめ。わらべうたのように、節をつけて読むのも楽しい。

とべバッタ

田島征三作 偕成社 1988.7 1冊 25×30cm（創作大型えほん）1400円 ① 4-03-331140-8

〔推薦者〕学校司書

〔対象〕全学年

〔場面〕図書の時間。新年度を迎える頃。

〔ひとこと〕新しい学年（学校）での子どもたちの生活を応援する気持ちで読み聞かせる。迫力ある力強い絵とストーリーが、子どもたちに元気を与える。

トマトのひみつ

山口進文・写真 福音館書店 1998.5 27p 26cm（かがくのとも傑作集）838円①4-8340-1542-4

〔推薦者〕図書館司書、読み聞かせボ

ランティア

〔対象〕高学年

〔場面〕図書館司書：おはなし会／ボランティア：小学校の朝の読み聞かせ。

〔ひとこと〕初めはわかりにくいようですが、わかってくると興味深く聞きます。

トムテ

リードベリ作、ウィーベリ：絵、山内清子：訳 偕成社 1979.10 1400円①978-4-03961-090-4

〔推薦者〕放課後ディ児童指導員、おはなし、読み聞かせ図書館ボランティア

〔対象〕中・高学年

〔場面〕ボランティア：朝の10分、15分の読み聞かせの時間で。

〔ひとこと〕12月に読んであげたい絵本です。

ともだち

谷川俊太郎文、和田誠絵 玉川大学出版部 2002.11.20 1冊 26cm 1200円 ①4-472-40278-5

〔内容〕ともだちってかぜがうつってもへいきだっていってくれるひと。だれだってひとりぼっちではいきてゆけ

ない。ともだちってすばらしい。

〔推薦者〕公共図書館スタッフ

〔対象〕低学年

ともだちや

内田麟太郎作、降矢なな絵 偕成社 1998.1 31p 25×21cm 1000円 ①4-03-204890-8

〔内容〕キツネはともだちやさんをはじめることをおもいつきました。いちじかんひゃくえんでともだちになってあげるのです。ちょうちんもって、のぼりをたてて「えー、ともだちやです」でも…ともだちってうれるのかな？かえるのかな。

〔推薦者①〕特別支援学校 教諭

〔対象〕高学年

〔場面〕劇遊びの授業の際に担任による読み聞かせ。

〔ひとこと〕目をとがらせて怒るおおかみが最高。

〔推薦者②〕図書館指導員

〔対象〕低学年

〔場面〕図書の授業始めにじゅうたんの敷いてある場所で。

トラのじゅうたんに なりたかったトラ

ジェラルド・ローズ文・絵、ふしみ みさを訳 岩波書店 2011.10 1冊 29× 22cm（大型絵本）1400円①978-4-00-111226-9

〔内容〕いいなあ。オレもなかまには いりたいなあ。やせこけたトラは、きゅ うでんのひろまでおいしそうにごはん をたべている王さまとかぞくがうらや ましくてたまりません。ところがある 日、トラはひらめきました。

〔推薦者①〕図書館司書

〔対象〕中学年

〔場面〕司書：読書の時間に行ってい る読み聞かせで。

〔ひとこと〕トラの表情がいきいきと していて楽しい。

〔推薦者②〕学校司書

〔対象〕低学年

〔場面〕図書室：通年の図書の時間に。

〔ひとこと〕ちゃっかりもののトラが 人気です。

泥かぶら

眞山美保原作、くすのきしげのり文、 伊藤秀男絵 瑞雲舎 2012.9 1冊 27×

22cm 1600円①978-4-916016-95-9

〔内容〕その昔、ある村に「泥かぶら」 とよばれた、一人の女の子がいました。 ひとりぼっちの「泥かぶら」は、みに くいからと、きたないからと、みんな からばかにされ、ひどい仕打ちを受け るたびに、人をうらみ、らんぼうにな るばかりでした。そんな「泥かぶら」に、 旅の老人が教えてくれたのです。三つ のことを守れば、きっと美しくなれる のだと。1952年の初演以来60年、人間 が生きるうえで大切なことを、日本中 の子どもたちに伝えてきた、感動の舞 台劇の絵本化。

〔推薦者〕小学校特別支援教室専門員

〔対象〕高学年

〔ひとこと〕とても静かにきいてくれ ました。心にしみる絵本。

どろぼうがっこう （かこさとしおはなし のほん〈4〉）

かこさとし著 偕成社 1973.2 1冊 26cm 1000円①4-03-206040-1

〔内容〕まぬけな校長先生と、まぬけ な生徒たちの、世にもおかしなどろぼ う学校のおはなしです。ある真夜中の こと、みんなは「ぬきあし、さしあし …」で遠足にでかけ、町でいちばん大 きな建物にしのびこみました。が、そ こは、なんと刑務所。思わずおかしさ

がこみあげてくる、ゆかいなお話です。
4才〜7才むき。

〔**推薦者**〕幼稚園教諭

〔**対象**〕年中・長

〔**場面**〕普段の読みきかせ。

〔**ひとこと**〕楽しんで聞ける作品。

どろんこハリー

ジーン・ジオン著、マーガレット・ブ
ロイ・グレアム画、わたなべしげお
訳 福音館書店 1964.3 1冊 31cm（世界
傑作絵本シリーズ・アメリカの絵本）
1100円①4-8340-0020-6

〔**推薦者**〕学校司書

〔**対象**〕低・中学年

〔**場面**〕図書の時間。

〔**ひとこと**〕ハラハラ・ドキドキさせ
る面白さだけでなく、最後の場面で
ほっとできる安心感が児童の表情から
読み取れます。

どんぐり かいぎ

こうやすすむ文、片山健絵 福音館書
店 1995.9 1冊 26×24cm（かがくのと
も傑作集）780円①4-8340-1333-2

〔**推薦者**〕学校司書

〔**対象**〕高学年

〔**場面**〕図書館担当：図書の時間の読
み聞かせ。

〔**ひとこと**〕理科の要素もある内容で
すが、どんぐりの木が擬人化していて、
楽しく聞いていました。

ドングリ・ドングラ

コマヤスカン作 くもん出版 2015.2.12
1冊 22×29cm 1200円 ①978-4-7743-
2266-7

〔**内容**〕うみのむこうのしまが、ひを
ふきました。ドングリたちは、いっせ
いにうたいだします。「あかいひをふ
く、あのしまへ、とうとうたびだつと
きがきた。さあ、いこう。うみをこえて。
ドングリ、ドングラ、ドングリ、ドン
グラー」ドングリたちのながいながい
たびがいま、はじまったのです。小さ
な体に勇気をつめて、前へ前へ。野を
こえ山こえ、ドングリ目線の大冒険！
『新幹線のたび』のコマヤスカンが描
く、パノラマ冒険絵本。

〔**推薦者**〕司書教諭、個人文庫主宰

〔**場面**〕ドングリを使った工作を作る
前に読み聞かせをしている。

〔**ひとこと**〕「ドングリ、ドングラ」の
くりかしのリズミカルな文章。ドング
リ一人一人が丁寧に描かれている。

どんぐりむし

藤丸篤夫写真、有沢重雄文 そうえん社 2013.11 28p 23×20cm（しぜんといっしょ）1200円①978-4-88264-453-8

〔内容〕どんぐりのなかでくらしてる、ちいさなむしのひみつ。

〔推薦者〕司書教諭

〔対象〕低学年

〔場面〕図書の授業。

〔ひとこと〕遠足でどんぐりをひろってきた後に読むと、関心がとても高い。

ドングリ山の やまんばあさん

富安陽子作、大島妙子絵 理論社 2002.9 145p 21×16cm 1300円①4-652-01144-X

〔内容〕オリンピック選手より元気で、プロレスラーより力持ち。296歳のスーパーおばあさん登場。

〔推薦者①〕学校司書

〔対象〕低・中学年

〔場面〕担任：毎日の学級での読み聞かせ（その時によって所要時間に変更あり）。

〔ひとこと〕勢いよく劇的に読んでいるとのこと。読み聞かせ中にシリーズの貸し出しも多くなるので人気ぶりがよく分かります。

〔推薦者②〕小学校教員

〔対象〕2年生〜中学年

〔場面〕毎日5分間の教室での読み聞かせで。

〔ひとこと〕お話しのスタートからぐいっと読者をひきつけてしまう設定の妙と文章のうまさ。さすがファンタジーの旗手、富安陽子です。

どんなかんじかなあ

中山千夏文、和田誠絵 自由國民社 2005.7 1冊 26cm 1500円 ①4-426-87506-4

〔内容〕ともだちのまりちゃんはめがみえない。それでかんがえたんだ。みえないってどんなかんじかなあって。

〔推薦者①〕図書館司書

〔対象〕幼児〜高学年

〔場面〕図書館司書：公共図書館のおはなし会／ボランティア：学校の朝の読み聞かせ 障害について考えさせる本を探していると言われると、紹介している。

〔ひとこと〕障害者や災害にあった人の気持ちを理解するための、想像力を広げてくれる絵本。

〔推薦者②〕学校司書

〔対象〕全学年

〔場面〕生活主任を中心とした教員5.6人：命の大切さについて考えさせる集会で、群読。

〔ひとこと〕障碍者理解についての本ですが、一人一人の個性の尊重や、自分であることの喜びを持つというテーマがあります。そこを伝えたいということで、先生方に選ばれたようです。1年から6年まで、静かによく聞いていました。

どんぶらどんぶら七福神

みきつきみ文、柳原良平：絵 こぐま社 2011.11 1000円①978-4-77210-205-6

〔内容〕どんぶらどんぶら波わけて、宝船がやってきた。乗っているのは七人の福の神さま、七福神…語呂のいい数え歌と、明るく楽しい絵で、みんなに笑顔と幸せが届きますように！—。

〔推薦者〕小学校特別支援教室専門員

〔対象〕低学年

〔ひとこと〕リズムがよくリズムにのって読むと好評。近所の神社に七福神を探しにいった子もいました。

——【 な 】——

ながーいはなでなにするの？

齋藤槙さく 福音館書店 2019.5 23p 21×24cm（幼児絵本ふしぎなたねシリーズ）900円①978-4-8340-8441-2

〔推薦者〕図書館司書、読み聞かせボランティア

〔対象〕幼児

〔場面〕ボランティア：病院の個室。

〔ひとこと〕子どもはぞうがすきです。童謡と組み合わせてもよいです。『ぞうさん』（こぐま社）も。

中をそうぞうしてみよ

佐藤雅彦, ユーフラテス著 福音館書店 2012.3 28p 26×24cm（かがくのとも絵本）900円①978-4-8340-2697-9

〔内容〕椅子、貯金箱、鉛筆、ボールペン、身近にあるものをX線写真を使って透かして見ると…。想像力を刺激する絵本。

〔推薦者〕図書館司書、読み聞かせボランティア

〔対象〕中学年以上

〔場面〕ボランティア：小学校の朝の読み聞かせ／ボランティア：病院の個室。

〔ひとこと〕息抜きに面白いです。ひとつひとつに声が上がります。

なぞなぞライオン

佐々木マキ作・絵、理論社、1997 1300円①978-4-652-00869-0

〔内容〕山に栗ひろいに出かけた女の子。細い山道の反対側からやってきた大きなサイに「どきなサイ」と言われ、頭にきます。そのまま引き下がるのも癪なので、しりとりで勝負し、負けた方が道をゆずることにしました。ではしりとり開始。「しりとりなサイ」「なぞなぞライオン」「ヘビは、はやくち」収録。

〔推薦者〕小学校教員

〔対象〕低学年

〔場面〕毎日5分間の教室での読み聞かせで。4月、新年度の始まり。クラスでの読み聞かせの第1回。子どもたちをひきつけられる本を読みたい時に。

〔ひとこと〕「こんどの先生はおもしろい本を読んでくれるんだ」。子どもたちの心をぐっとつかんでしまいたい。そんなときに最適です。

夏がきた

羽尻利門作 あすなろ書房 2017.6 1冊（ページ付なし）24cm×26cm 1300円①978-4-7515-2830-3

〔推薦者〕公共図書館館長（現）・学校司書（前）

〔対象〕低学年

〔場面〕ボランティア：読書週間中の特別おはなし会。

〔ひとこと〕日本の正しい夏の本！蝉の声が聞こえてきそうです。

なつのいちにち

はたこうしろう作 偕成社 2004.7 1冊 26×22cm 1000円①4-03-331340-0

〔内容〕まっ白な日ざし青い草のにおい…ページのなかからあふれだす。はたこうしろう・待望のオリジナル創作絵本。3歳から。

〔推薦者①〕司書教諭

〔対象〕低学年

〔場面〕朝の時間や授業に入る前など、そのシーンに合わせて忍ばせたいそんな絵本です。1回で読み切って欲しいです。

〔ひとこと〕イラストが美しい絵本。季節に合わせて読み聞かせたい。

〔推薦者②〕公共図書館スタッフ

〔対象〕低学年

〔場面〕小学校、週一回の読み聞かせの時間。

〔ひとこと〕かっこいいクワガタを捕まえる臨場感にわくわくドキドキする。

なつのおとずれ

かがくいひろし作・絵 PHP研究所 2008.6 1冊 26×20cm（PHP わたしのえほんシリーズ）1200円①978-4-569-68781-0

〔内容〕気象予報士のかたつむりが「梅雨明けはもうすぐでしょう」と伝えると…。梅雨明けから夏までを描いた絵本。

〔推薦者①〕学校司書

〔対象〕低学年

〔場面〕学校司書：夏休み直前の図書の時間の読み聞かせで。

〔ひとこと〕勢いのある場面展開と、ユーモラスな絵は、いつでも子どもたちにうけます。夏への期待も高まります。

〔推薦者②〕司書教諭、個人文庫主宰

〔場面〕梅雨明けのころの文庫のおはなし会で読み聞かせをしている。

〔ひとこと〕扇風機、かき氷、蚊取り

線香、ゆかたなど夏の風物たちが一斉にやってくる。

なにをたべたか
わかる？

長新太著 絵本館 2003.11 1冊 21cm 1000円①4-87110-140-1

〔内容〕さかながどうしてこんなにおおきくなったのか、ねこにはさっぱりわからないんだよ。さかなのそばによると、たべられるからあぶないのに、ねこはしらないものだからへいきなの。

〔推薦者〕学校司書

〔対象〕1年生

〔場面〕「図書の時間」（週一回、国語からの授業時間）の読み聞かせ。

〔ひとこと〕小型本ですが、シンプルな絵は線がはっきり分かり、まとまって座れば問題ない。

なにのあしあとかな

やぶうちまさゆき著 福音館書店 1987.3 31p 19×19cm（幼児絵本シリーズ）藪内正幸のどうぶつ絵本 680円①4-8340-0154-7

〔推薦者〕ボランティア

〔対象〕全学年

〔場面〕学校でのお話会、学童など。

〔ひとこと〕お話会の間での息抜きのような感じで使います。みんなヒントを欲しがって、終わると、「もう一回やって」と言われたりします。

ナビル
（ある少年の物語）

ガブリエル・バンサン著、今江祥智訳
ビーエル出版 2000.4 1冊 29cm 2500円
①4-89238-755-X

〔内容〕ただひたすらに…壮大なピラミッドを探して砂漠を歩きつづける少年に託してバンサンが"生の原点"を描きもとめた、初の日本版オリジナル・デッサン絵本。

〔推薦者〕大学非常勤講師

〔対象〕高学年

〔ひとこと〕ピラミッドへの少年の一途なあこがれが、様々な出会いで、その夢の実現をかなえる。着いた時の表情やしぐさのスケッチがいい。

ナミチカのきのこがり

降矢なな作 童心社 2010.9 32p 19×27cm（絵本・こどものひろば）1300円
①978-4-494-02557-2

〔内容〕ナミチカが初めてのきのこが

りに出かけると、おもしろいキノコが次々に現れます。食べられるキノコを探しながら行くうちに…。ふしぎがいっぱい！きのこのダンスパーティーへようこそ。

〔推薦者〕学校司書・絵本専門士

〔対象〕低学年

〔場面〕秋のキノコが旬の時期（給食などで出るとき）。

〔ひとこと〕図鑑で登場するキノコにそっくりなものを紹介します。調べ学習の手順を教えます。

なんでもあらう

鎌田歩作 福音館書店 2014.5 31p 24cm（ランドセルブックス）1200円①978-4-8340-8094-0

〔推薦者〕司書教諭

〔対象〕低学年

〔場面〕図書の授業。

〔ひとこと〕洗うことはきれいになる、ということだけでなく、安全につながることを教えてくれる本。

ブックガイド編　　　　　　　　　　　　　　　　　　　　　　　　にわと

―――【 に 】―――

二番目の悪者

林木林作、庄野ナホコ絵 小さい書房
2014.11.16 1400円①978-490-747401-0

〔推薦者①〕学校司書

〔対象〕高学年

〔場面〕図書館担当：節分を前に。卒業前の読み聞かせ。

〔ひとこと〕版は小さいが、SNSのマナーなど、考えさせられるテーマで、真剣に聞いてくれる。

〔推薦者②〕図書館司書

〔対象〕高学年

〔ひとこと〕本当に悪いのは誰か、民衆心理の怖さを考えさせられる。

〔推薦者③〕小学校特別支援教室専門員

〔対象〕高学年

〔ひとこと〕①読み聞かせ前、なぜ、一番目でないか質問があがりました。②くいいるようにきいていました。③並行読書として、「情報モラル」の本を紹介。

にゃーご

宮西達也作・絵 鈴木出版 1997.02
1300円①978-4-79026-077-6

〔推薦者〕特別支援学校 教諭

〔対象〕高学年

〔場面〕劇遊びの授業の際に担任による読み聞かせ。

〔ひとこと〕3びきのねずみが「にゃーご」「にゃーご」「にゃーご」という場面で盛り上がった。

にわとりのおっぱい

山本省三作 講談社 2005.6.25 1冊 31×22cm（講談社の創作絵本）1500円①4-06-132315-6

〔内容〕「ねえ、にわとりにおっぱいってあったかな。」なぎさの言葉を聞いて、だんだん教室じゅうが、わいわいがやがや。ああでもない、こうでもない。考え出すと、とまらない。それじゃあもう一度、自分で確かめてみない？

〔推薦者〕公共図書館スタッフ

〔対象〕低学年

子どもの心を動かす読み聞かせの本とは　177

【ね】

ねえ、どれがいい？

ジョン・バーニンガム作、まつかわ
まゆみ訳 評論社 2010.2 1冊 31×26cm
（評論社の児童図書館・絵本の部屋）
1500円①978-4-566-00198-5

〔**内容**〕「ねえ、どれがいい？」と聞き
ながら、つぎつぎ出されてくるのは、
とんでもない選択ばかり。子どもたち
は「どれもイヤ」といいながら、大喜
びであれやこれやなやみます。長いあ
いだ愛されつづけてきたベストセラー
絵本の改訳新版。

〔**推薦者①**〕学校司書

〔**対象**〕1年生

〔**場面**〕「図書の時間」（週一回、国語
からの授業時間）の主に3回目の読み
聞かせ。

〔**ひとこと**〕奇想天外な設定と想像す
る楽しさ。クラスの一体感が生まれ
ます。

〔**推薦者②**〕学校司書

〔**対象**〕全学年

〔**場面**〕学校図書館司書として図書の
時間に読んだ

〔**ひとこと**〕質問しながら、子どもた
ちとの会話が弾む本です。

〔**推薦者③**〕学校司書

〔**対象**〕低・中学年

〔**場面**〕図書の時間。

〔**ひとこと**〕参加型の楽しい絵本。児
童と一緒に担任も参加（おはなしの中
の条件の中で何を選ぶか）してくれる
クラスもあります。

〔**推薦者④**〕学校司書

〔**対象**〕低学年

〔**場面**〕学校での読み聞かせで。

〔**ひとこと**〕ページをめくるたびに、
「なにそれ！」「うえー、ありえへん！」
と言葉が飛び出す、まだ慣れていな
いクラスの子と仲良くなれる鉄板本
です。

〔**推薦者⑤**〕図書館指導員

〔**対象**〕低学年

〔**場面**〕指導員：1年生学年末の読書の
時間。

〔**ひとこと**〕スリルを好む男子と慎重
な女子の反応の違いが面白かった。

猫山

斎藤隆介作、滝平二郎絵 岩崎書店
1983.6 31p 29cm（創作絵本）1400円①
4-265-90938-8

〔推薦者〕司書教諭

〔対象〕低学年

〔場面〕朝の時間や授業に入る前など、そのシーンに合わせて忍ばせたいそんな絵本です。1回で読み切って欲しいです。

〔ひとこと〕力を合わせて、強いものに立ち向かう勇気を伝えてくれる。

ねずみくんのチョッキ

なかえよしを著、上野紀子画 ポプラ社 1974.8 31p 25cm（ねずみくんの絵本）1000円①4-591-00465-1

〔内容〕おかあさんがあんでくれた赤いチョッキ。ねずみくんにぴったりです。そこへ、あひるくんがやってきて「ちょっときせてよ」とかりました。あひるくんがきていると、さるくんがやってきてチョッキをかりました。つぎにあしかくんがやってきて…。つぎつぎにどうぶつが赤いチョッキをきてみます。さて…。

〔推薦者〕図書館指導員

〔対象〕低学年

〔場面〕図書の授業始めにじゅうたんの敷いてある場所で。

〔ひとこと〕だんだん大きくなってくるチョッキを楽しんでいました。

ねずみのすもう（日本のむかし話）

神沢利子文、赤羽末吉絵 偕成社 1983.7 1冊 26cm 880円 ①4-03-337020-X

〔推薦者〕公共図書館スタッフ

〔対象〕低学年

ねないこだれだ（『いやだいやだ』いやだいやだの絵本〈3〉収録）

せなけいこ著 福音館書店 1986.4 1冊 17×17cm 600円①4-8340-0216-0

〔内容〕にんじん、もじゃもじゃ、いやだいやだ、ねないこだれだ

〔推薦者〕幼稚園教諭

〔対象〕年少未満

〔場面〕普段の読み聞かせ。

〔ひとこと〕大好きで何度も「読んで」と持ってくる作品。

【の】

のげしとおひさま

甲斐信枝さく 福音館書店 2015.9 23p
21×24cm（幼児絵本ふしぎなたねシリーズ）800円①978-4-8340-8194-7

〔推薦者〕図書館司書、読み聞かせボランティア

〔対象〕幼児～低学年

〔場面〕図書館司書：おはなし会。

〔ひとこと〕『ちょうちょはやくこないかな』同様に待ちわびて叶えられるので、子どもは我がことのように感じているようです。

ノートにかいた ながれ星

岡田なおこ著、久住昌之絵、講談社 1996.10 A5変 85p 1165円 ①4-06-283744-4

〔内容〕"ぼく（ひでと）"とさとしくんは同じマンションに住む仲良しどうし。テレビのインタビューで聞こえてきた「きちょうなたいけん」ということばが気に入って、2人で「きちょうなたいけんノート」をつけることにしました。生卵をまる飲みしたこと、階段を5段飛びしたこと、お

ねしょしたことなどなど。そのおねしょが、幼なじみのるりちゃんにばれてしまいます。

〔推薦者〕小学校教員

〔対象〕低・中学年

〔場面〕毎日5分間の教室での読み聞かせで。低中学年を担当するとかならず読み聞かせる1冊です。

〔ひとこと〕七夕の願いごとにあわせ、6月か7月あたりがおすすめです。

のはらうた （全6冊セット）

くどうなおことのはらみんな 童話屋 2009.4 7700円①978-4-88747-089-7

〔推薦者〕放課後ディ児童指導員、おはなし、読み聞かせ図書館ボランティア

〔対象〕全学年

〔場面〕ボランティア：朝の10分、15分の読み聞かせの時間で。

〔ひとこと〕少し時間が余った時に便利。その日の、その子の年齢に合わせて選んで読めたら良いなと思って1,2編選んで読みます。

ブックガイド編　　　　　　　　　　　　　　　　　　　　　　　はおあ

——————【 は 】——————

ばあちゃんのおなか

かさいまり文、よしながこうたく絵
教育画劇 2010.7 1冊 26cm 1100円 ①
978-4-7746-1176-1

〔内容〕たのしくておもしろくてじいーんとくる。ぼくのばあちゃんはおしゃれで、たくましい。ぼくのばあちゃんはわらってばっかり、あそんでばっかり。ぼくはばあちゃんのおおきなおなかがだいすき。

〔推薦者〕学校司書・絵本専門士

〔対象〕全学年

〔場面〕お盆前敬老の日 前後。

〔ひとこと〕楽しい絵本ですがジーンときます。読んでいる方が涙ぐみそうになります。祖父母を大事にと思ってくれればいいなと。

歯いしゃのチュー先生

ウィリアム・スタイグ文・絵、うつみまお訳 評論社 1991.5 1冊 27×23cm（児童図書館・絵本の部屋）1300円 ①
4-566-00290-X

〔内容〕チュー先生はうでききで、どんなむし歯もたちまちなおしてしまいます。こがらな体をいかして、ちりょ

うをするので、大きな動物には、とくに人気があります。でも、ネズミですから、きけんな動物のちりょうはしません。ところがある日、キツネのしんしが、いたむ歯をおさえてなきながらやってきました…。

〔推薦者〕司書教諭

〔対象〕低学年

〔場面〕低学年 図書の授業。

〔ひとこと〕ねずみのチュー先生が患者のキツネに食べられないかとドキドキしながら子どもは楽しんで聞いている。

パオアルの
キツネたいじ

蒲松齢原作、心怡再話、蔡皋絵、中由美子訳 徳間書店 2012.10 1冊 27×20cm 1400円 ①978-4-19-863502-2

〔内容〕あやしいキツネがおかあさんのところに…ぼくが化けギツネをたいじしてやる！おかあさんを助けようとがんばる、勇敢な男の子パオアルのお話。5才～。

〔推薦者〕図書館司書

〔対象〕高学年

〔場面〕司書：国語の時間に行う読み聞かせで。

〔ひとこと〕中国の古典『聊斎志異』から化け狐の話。勇気と知恵を絞る主

子どもの心を動かす読み聞かせの本とは　181

人公の表情が印象的な絵本。

歯がぬけた

中川ひろたか作、大島妙子絵 PHP 研究所 2002.5 1冊 26cm（わたしのえほん）1100円①4-569-68335-5

〔内容〕ごはんをたべてたら、歯がぬけた。まえからぐらぐらしてたんだけど、ついにぬけた。この歯、どうしようかな。4～5歳から。

〔推薦者〕図書館指導員

〔対象〕低学年

〔場面〕指導員：1年生、読書の時間。

〔ひとこと〕歯が抜けている子どもが多い学年で読むと楽しい。

ハグくまさん

ニコラス・オールドランド作、落合恵子訳 クレヨンハウス 2011.12 1冊 24×24cm（人生を希望に変えるニコラスの絵本）1400円①978-4-86101-204-4

〔内容〕森に、ちょっとふしぎなくまがいました。だれかに会うと、いつも抱きしめてしまう、ハグくまさんです。なかでも大好きなのは、森の木を抱きしめること。大きな木も、ちっちゃい木も。ある日のこと、オノを持った人間の男がやってきて…森の木を！大自然に育まれたどうぶつたちが、生きる

ことのすばらしさをユーモラスに伝えてくれる物語。

〔推薦者〕学校司書・絵本専門士

〔対象〕低学年

〔場面〕12月初め。

〔ひとこと〕クリスマスの本を読む前に。優しい気持ちになります。

はじまりのはな

マイケル・J.ローゼン文、ソーニャ・ダノウスキ絵、蜂飼耳訳 くもん出版 2014.9 1冊 31×24cm 1500円 ①978-4-7743-2341-1

〔内容〕わたりどりのローザはじぶんのほっぺたとおなじいろをした“ほっぺのはな”がだいすき。あきになりたびだつときがきても“ほっぺのはな”のたねをてばなさない。わたりのとちゅうかわにおちなかまとはぐれたローザはいぬのミールとかいぬしのアンナにたすけられた。みないっしょにふゆをすごしはるをまつ…。季節とともにめぐりくる出会いと別れの物語。

〔推薦者〕学校司書

〔対象〕高学年

〔場面〕図書の時間の読み聞かせ。2月～3月、卒業を目前にした時期に使用します。

〔ひとこと〕望んだ場所ではないところも居心地の良い場所に変わる。旅立

ちに希望をもってほしい、と願いをこめて読んでいます。

はじまりの日

ボブ・ディラン作、ポール・ロジャース絵、アーサー・ビナード訳 岩崎書店 2010.3 1冊 26×29cm 1600円①978-4-265-06819-7

〔内容〕名曲「フォーエバー・ヤング」の絵本。ボブ・ディランの半世紀の道を一緒にたどってみませんか？アメリカ生まれの詩人アーサー・ビナードによる歌える日本語訳。

〔推薦者〕司書教諭

〔対象〕高学年

〔場面〕朝の時間や授業に入る前など、そのシーンに合わせて忍ばせたいそんな絵本です。1回で読み切って欲しいです。

〔ひとこと〕希望と勇気を与えてくれる絵本。

はじめてのおつかい

筒井頼子著、林明子画 福音館書店 1977.4 31p 20×27cm（こどものとも傑作集）800円①4-8340-0525-9

〔推薦者〕学校司書

〔対象〕低学年

〔場面〕図書室：新学期などに。

〔ひとこと〕高学年になって、思い出の本として紹介する児童がいました。

はじめまして

新沢としひこ作、大和田美鈴絵 鈴木出版 2003.3 25p 23×22cm（たんぽぽえほんシリーズ）1000円①4-7902-5080-6

〔推薦者〕学校司書・絵本専門士

〔対象〕低学年／1年生

〔場面〕4月 一番始めの図書の授業で。

〔ひとこと〕入学して間もない1年生へ学校図書館で本を使って自己紹介をします。読んだ後、自分バージョンを作り楽しみます。

はちうえはぼくに
まかせて

ジーン・ジオン作、マーガレット・ブロイ・グレアム絵 ペンギン社 1984.6 1冊 29cm 1200円①4-89274-016-0

〔推薦者①〕学校司書

〔対象〕中学年

〔場面〕図書担当：図書のオリエンテーション。

〔ひとこと〕ひと夏の男の子の姿に引

子どもの心を動かす読み聞かせの本とは　183

き込まれている感じ。

〔**推薦者②**〕司書教諭

〔**対象**〕低学年

〔**場面**〕朝の時間や授業に入る前など、そのシーンに合わせて忍ばせたいそんな絵本です。1回で読み切って欲しいです。

〔**ひとこと**〕思いがけない困難に、智恵と機転で立ち向かうお話です。

〔**推薦者③**〕学校司書

〔**対象**〕中学年

〔**場面**〕学校司書：夏休み直前の図書の時間の読み聞かせの時間で。

〔**ひとこと**〕夏休みの予定は決まっていますか？等の質問を投げかけた後、この絵本を読みます。お父さんの不機嫌な様子の描写を、子どもたちは一番おもしろがるようです。

はっきょいどーん

やまもとななこ作 講談社 2015.9 1冊 31×22cm（講談社の創作絵本）1400円①978-4-06-133259-1

〔**内容**〕ついにきた、優勝決める大一番！最強の横綱・武留道山。挑むは小結・明の海。両者、いよいよまったなし！NHK「あさイチ」で紹介された相撲絵本がついに！

〔**推薦者**〕学校司書

〔**対象**〕低・中学年

〔**場面**〕図書の時間の読み聞かせ。少しリラックスしてほしい、気張らずに聞いてほしいときに使用します。

〔**ひとこと**〕ダイナミックな取り組みの様子が遠目もきいて楽しめる絵本です。

ハートのはっぱ
かたばみ

多田多恵子ぶん、広野多珂子え 福音館書店 2015.3 27p 26cm（かがくのとも絵本）900円①978-4-8340-8156-5

〔**推薦者①**〕図書館司書、読み聞かせボランティア

〔**対象**〕中学年以上

〔**場面**〕図書館司書：おはなし会。

〔**ひとこと**〕草は知っていても「かたばみ」という名前ははじめて知る子が多く、興味深く聞きます。

〔**推薦者②**〕小学校特別支援教室専門員

〔**対象**〕低学年

〔**場面**〕理科の実験と融合。読み聞かせをし、文中に出てくる「十円玉磨き」を行いました。

はなをくんくん

ルース・クラウス著、マーク・シーモント画、きじまはじめ訳 福音館書店 1967.3 1冊 31cm（世界傑作絵本シリーズ・アメリカの絵本）1000円①4-8340-0095-8

〔推薦者〕図書館指導員

〔対象〕低学年

〔場面〕図書の授業始めにじゅうたんの敷いてある場所で。

〔場面〕図書の時間の読み聞かせ。小3国語で「モチモチの木」を学習した後に合わせて紹介します。

〔ひとこと〕挿し絵の美しさはやはり絵本で読んでほしい、という思いがあります。

〔推薦者〕幼稚園教諭

〔対象〕年長

〔場面〕普段の読み聞かせ。

〔ひとこと〕静かにじっくり聞いていた作品。

花さき山

斎藤隆介著、滝平二郎画 岩崎書店 1969.12 1冊 25cm（ものがたり絵本）1200円①4-265-90820-9

〔推薦者〕学校司書

〔対象〕中学年

「花さき山」
斎藤隆介著 滝平二郎画 岩崎書店

バナナじけん

高畠那生作 BL出版 2012.12 1冊 27×22cm 1300円①978-4-7764-0569-6

〔内容〕くるまからバナナがひとつおちました。そこへさるがきて、バナナをはっけん。どうするとおもう？もちろん、パクッ！そしてかわをポイッ。すると、そのあと…。みんなで笑える楽しい絵本。

〔推薦者〕図書館司書

〔対象〕中学年

〔場面〕おはなし会（図書館・定例）。

〔ひとこと〕繰り返しのナンセンスさがツボにはまる子がいる。

バナナのはなし

伊沢尚子文、及川賢治絵 福音館書店
2013.3 27p 26cm（かがくのとも絵本）
900円①978-4-8340-2765-5

〔推薦者〕学校司書・絵本専門士

〔対象〕低学年

〔場面〕特に時期を選ばず。

〔ひとこと〕『うそだぁ！』と合わせて読みます。科学の絵本でもあり、物流を考える本でもあります。日頃何も気にしないで食べているものを知ることでたくさんの興味が湧きます。この本からも調べものの手順をお話しします。

はなのあなのはなし

やぎゅうげんいちろう 福音館書店
1982.10.15 900円①978-4-83400-891-3

〔推薦者①〕特別支援学校 教諭

〔対象〕全学年

〔場面〕読み聞かせボランティアによる読み聞かせ。

〔ひとこと〕鼻血が出る場面は大うけ。

〔推薦者②〕学校司書

〔対象〕3年生

〔場面〕「図書の時間」（週一回、国語

からの授業時間）の読み聞かせ。

〔ひとこと〕分かりやすく大切なことを教えてくれるので笑いながら感心しています。

バーナムの骨（ティラノサウルスを発見した化石ハンターの物語）

トレイシー・E.ファーン文、ボリス・クリコフ絵、片岡しのぶ訳 光村教育図書 2013.2 1冊 25×27cm 1500円 ① 978-4-89572-848-5

〔内容〕これ、なんの骨？化石ハンター、バーナム・ブラウンを描いたノンフィクション絵本。

〔推薦者〕学校司書

〔対象〕高学年

〔場面〕図書館担当：国語の本を紹介する単元でのブックトークで。

〔ひとこと〕恐竜発見物語の絵も迫力があり、リズミカルな文章で引き込まれて聞いていました。

はははのはなし

加古里子著 福音館書店 1972.3 23p
26cm（かがくのとも傑作集）838円①

4-8340-0319-1

〔推薦者〕特別支援学校 教諭

〔対象〕高学年

〔場面〕「健康に生活するためには」の
学習の導入にタブレットに入れて、電
子黒板で学習した。

〔ひとこと〕虫歯だらけの挿絵が印
象的。

はるがきた

ジーン・ジオン文、マーガレット・ブ
ロイ・グレアム絵、こみやゆう訳 主
婦の友社 2011.3.20 1冊 31×23cm（主
婦の友はじめてブック-おはなしシ
リーズ）1300円①978-4-07-274275-4

〔内容〕みどりと光がいっぱいの春。
春になったら、さんぽをしたり、ちょ
うちょをおいかけたり、公園でおもい
きりあそんだりできるのに。はやく春
が来ないかなあ…なかなかやってこな
い春にしびれをきらした街の人たち
は！？大人と読むなら2才から。ひと
りで読むなら小学生から。

〔推薦者〕司書教諭、個人文庫主宰

〔場面〕3月のおはなし会で春を迎える
喜びを味わわせるために読み聞かせを
している。

〔ひとこと〕春になって絵本の絵がカ
ラフルになっていて春を迎える喜びが
表現されている。

バルバルさん

乾栄里子著、西村敏雄画 福音館書店
2009.3 31p 27cm 800円 ①978-4-8340-
2323-7

〔推薦者〕図書館司書、読み聞かせボ
ランティア

〔対象〕低・中学年

〔場面〕図書館司書：おはなし会／ボ
ランティア：病院の個室。

〔ひとこと〕現実では髪を切るのを子
どもは喜びませんが、本の中のおかし
な髪形は楽しいようです。シリーズに
『バルバルさんきょうはこどもデー』
があります。

パンダ銭湯

tupera tupera さく 絵本館 2013.8 1冊
（ページ付なし）28cm 1300円①978-4-
87110-086-1

〔推薦者〕学校司書

〔対象〕低・中学年

〔場面〕教室：朝の読み聞かせボラン
ティアにて。

〔ひとこと〕なんともシュール。

ハンダのびっくり
プレゼント

アイリーン・ブラウン作、福本友美子訳 光村教育図書 2006.4 1冊 22×27cm 1400円①4-89572-651-7

〔内容〕ハンダは、くだものを7つ、あたまにのせました。ともだちのアケヨにあげるのです。おいしそうなくだものばっかり！アケヨは、どれがいちばんすきかな。アフリカのケニアに住むルオ族の子どもたちをモデルにした絵本。

〔推薦者①〕学校司書

〔対象〕1年生

〔場面〕「図書の時間」（週一回、国語からの授業時間）の読み聞かせ。

〔ひとこと〕ストーリーも楽しみますが、絵本の「絵を読む」力を育てます。

〔推薦者②〕図書館司書

〔対象〕低学年

〔場面〕司書：読書の時間に行っている読み聞かせで。

〔ひとこと〕ハンダの表情や画が楽しい。結末が面白くて、子どもたちと楽しめる。

〔推薦者③〕図書館司書

〔対象〕幼児～低学年

〔場面〕図書館司書：公共図書館のお

はなし会／ボランティア：学校の朝の読み聞かせ。

〔ひとこと〕アフリカの色彩ゆたかな絵本。文で表現されていない、絵で語る展開が秀逸。

ハンダのめんどり
さがし

アイリーン・ブラウン作、福本友美子訳 光村教育図書 2007.4 1冊 22×27cm 1400円①978-4-89572-663-4

〔内容〕ハンダとアケヨのめんどりさがし。チョウチョが2ひき、ネズミが3びき、トカゲが4ひき…だけど、モンディはどこ？アフリカのケニアに住むルオ人の子どもたちをモデルにしたお話。

〔推薦者〕学校司書

〔対象〕低学年

〔場面〕図書室：1年生の算数の単元にあわせて。

半日村

斎藤隆介作、滝平二郎絵 岩崎書店 1980.9 1冊 29cm（創作絵本）1400円① 4-265-90936-1

〔推薦者〕司書教諭

〔対象〕中学年

〔**場面**〕担任教師：国語の授業に合わせて。

番ねずみのヤカちゃん

リチャード・ウィルバーさく、松岡享子やく、大社玲子え 福音館書店 1992.5 68p 22cm（世界傑作童話シリーズ）1200円①4-8340-1099-6

〔**推薦者①**〕学校司書

〔**対象**〕低学年

〔**場面**〕学校の読み聞かせで。

〔**ひとこと**〕元気いっぱいのねずみの末っ子、ヤカちゃんが大きい声を出すたびに口を手で押さえる子が。

〔**推薦者②**〕学校司書

〔**対象**〕全学年

〔**場面**〕学校図書館司書：読書週間中の特別おはなし会。

〔**ひとこと**〕松岡享子さんの訳が素晴らしい。読み聞かせではなく、「すばなし」として語ることが多かったです。

〔**推薦者③**〕学校司書

〔**対象**〕1年生

〔**場面**〕「図書の時間」（週一回、国語からの授業時間）の読み聞かせ。

〔**ひとこと**〕挿絵は見せずに声の強弱を表現されている文字は声で表現。繰り返しを楽しみます。

〔**推薦者④**〕学校司書

〔**対象**〕低学年

〔**場面**〕図書担当：図書の時間の読み聞かせ。

〔**ひとこと**〕絵本ではないが、ページを見せながら読むと、とても楽しそうだった。

─────**【ひ】**─────

光の旅かげの旅

アン・ジョナス作、内海まお訳 評論社 1984.4 1冊 25cm（絵本の部屋・しかけ絵本の本棚）980円①4-566-00208-X

〔**推薦者**〕司書教諭

〔**対象**〕全学年

〔**場面**〕図書の授業。

〔**ひとこと**〕上下をさかさまにしても成り立つ白黒の絵が見事。読み聞かせをしていると、体をさかさまにして、見出す児童もいるほど。

ぴっかぴか
すいぞくかん

なかのひろみ文・構成、福田豊文写真
ひさかたチャイルド 2014.6 28p 21×
24cm（しぜんにタッチ！）1200円①
978-4-86549-005-3

〔**内容**〕水族館の生き物にとって水槽
は家、水は空気のようなもの。だから、
スタッフはいろいろな工夫をして水槽
や水をきれいにし、生き物たちみんな
が健康に気持ちよく過ごせるようにし
ています。さあ、どんな方法できれい
に掃除しているのか、見ていきましょ
う。幼児～小学校低学年向き。

〔**推薦者**〕特別支援学校 教諭

〔**対象**〕全学年

〔**場面**〕学校図書館支援員による本の
紹介。

〔**ひとこと**〕水槽の掃除のページが面
白い。

ピッツァぼうや

ウィリアム・スタイグ作、木坂涼訳
セーラー出版 2000.3.31 1冊 24×21cm
1500円①4-88330-136-2

〔**内容**〕しつもん―もしだれかがご機
嫌ななめだったらどうする？こたえ―
そんなのかんたん！いますぐピッツァ
にしちゃうのさ。

〔**推薦者**〕公共図書館スタッフ

〔**対象**〕低・中学年

〔**場面**〕学校での読み聞かせの時間。

〔**ひとこと**〕子どもをピッツァに見立
てて家族が遊んでいる様子が楽しい。

ピトゥスの動物園

サバスティア・スリバス著、宇野和
美訳、スギヤマカナヨ絵 あすなろ書
房 2006.12 191p 21cm 1300円①4-7515-
1902-6

〔**内容**〕「ピトゥスのために、動物園を
つくろうよ！」タネットのアイディア
に、はじめはびっくりしたなかまたち。
しかしそれは、やがて、町をあげての
一大イベントに！夏のバルセロナを舞
台にくりひろげられる熱い友情物語。
第1回フォルク・イ・トーラス賞受賞作。

〔**推薦者**〕学校司書

〔**対象**〕4年生

〔**場面**〕「図書の時間」（週一回、国語
からの授業時間）の読み聞かせ。

〔**ひとこと**〕シンプルなテーマと表現
方法なので子どもに「声」で伝えても
違和感ありません。

ブックガイド編　　　　　　　　　　　　　　　　ひとり

人食いとらの
おんがえし

松谷みよ子文、長野ヒデ子絵　侅成
出版社 2007.4 1冊 26cm（朝鮮の民
話絵本シリーズ）1300円①978-4-333-
02251-9

〔内容〕危機から救ってくれた若者に、
生涯をかけて恩返しをした、人食いと
らのお話。

〔推薦者〕司書教諭

〔対象〕2年生から

〔場面〕司書教諭：図書の授業の始ま
りに、読み聞かせの時間で。

1つぶのおこめ
（さんすうのむかし
ばなし）

デミ作、さくまゆみこ訳　光村教育図
書 2009.9 40p 26×26cm 1900円①978-
4-89572-686-3

〔内容〕ごほうびはおこめ。きょうは1
つぶ、あしたは2つぶ、あさっては4つ
ぶ、そのつぎのひは8つぶ、30にちめ
には…なんつぶ？インドのさんすうの
むかしばなし。

〔推薦者①〕学校司書

〔対象〕中学年

〔場面〕図書の時間の読み聞かせ。算
数で大きな数のかけ算などに親しんで
きた頃に使用します。

〔ひとこと〕想像を絶する大きな数を
子どもたちは楽しみます。

〔推薦者②〕司書教諭

〔対象〕低学年

〔場面〕朝の時間や授業に入る前など、
そのシーンに合わせて忍ばせたいそん
な絵本です。1回で読み切って欲しい
です。

〔ひとこと〕算数を楽しめそうな1冊。

〔推薦者③〕図書館指導員

〔対象〕中学年

〔場面〕担任：4年生が大きな数を学習
する時。

〔ひとこと〕絵が美しいインドの昔話。

〔推薦者④〕司書教諭

〔対象〕2年生

〔場面〕図書の授業。

〔ひとこと〕おこめの数が倍の倍…と
絵で表している様子を児童は、驚きな
がら喜んで見ている。

ひとりぼっちの
さいしゅうれっしゃ

いわむらかずお作　偕成社 1985.12 1冊

子どもの心を動かす読み聞かせの本とは　　191

26cm 1500円①4-03-963250-8

〔推薦者〕学校司書

〔対象〕高学年

〔場面〕学校司書：図書の時間や朝の時間等を利用して、4回に分割して読み聞かせる。

〔ひとこと〕見開きの絵と文章が交互に現れる構成で、絵をしっかり見せた後、朗読するということを繰り返しました。ドキドキさせる展開が、クライマックスに向かって高まっていきます。続き物のように4回に分けて読むことで、次への期待も膨らむようです。

ひ・み・つ

たばたせいいち著 童心社 2004.5 48p 27cm 1300円①4-494-00946-6

〔内容〕ぼくのおばあちゃん、てんごくのおじいちゃんと40ねんぶりにあってね、ダンスがしたいのです。とってもとっても、したいのです

〔推薦者〕司書教諭、個人文庫主宰

〔場面〕7月のおはなし会で、七夕について知り、願いごとを考えさせるために読み聞かせをしている。

〔ひとこと〕自分だけでなく、しんばあちゃんの願いごとが実現するところが素敵です。

ひみつのカレーライス

井上荒野作、田中清代絵 アリス館 2009.4 1冊 29×21cm 1400円 ①978-4-7520-0444-8

〔内容〕カレーのたねからめがはえて、おさらのはっぱに、ふくじんづけの花がさき…はてさて、そのあとは？直木賞作家・井上荒野さんはじめての絵本。

〔推薦者〕図書館指導員

〔対象〕中学年

〔場面〕図書の授業始めにじゅうたんの敷いてある場所で。

100円たんけん

中川ひろたか文、岡本よしろう絵 くもん出版 2016.10 1冊 27×22cm 1300円①978-4-7743-2490-6

〔内容〕コンビニでおかしをおねだりしたら、「100円までよ」っていわれた。100円ショップにいったら、なんでも100円だった。じゃあ、よそのおみせでは100円でなにがかえるのかな。ぼくとおかあさんはしょうてんがいにいってしらべてみることにした。なづけて…100円たんけん！

〔推薦者〕学校司書・絵本専門士

〔対象〕低・中学年

〔場面〕お金について（価値）。

〔ひとこと〕身近な100円の価値を考える楽しい絵本。自分達の金銭感覚を話し出して読後の反応も良い。1類につなげる読書指導。

ひゃくにんの
おとうさん

譚小勇, 天野祐吉吉文、譚小勇絵 福音館書店 2005.9 31p 27cm（こどものとも世界昔ばなしの旅）800円①4-8340-2123-8,4-8340-3221-3

〔推薦者〕図書館司書、読み聞かせボランティア

〔対象〕中学年以上

〔場面〕図書館司書：おはなし会／ボランティア：小学校の朝の読み聞かせ。

〔ひとこと〕分かっていても甕からおとうさんが出てくると声が上がります。

百まいのドレス

エレナ・エスティス作、石井桃子訳、ルイス・スロボドキン絵 岩波書店 2006.11 92p 21cm 1600円 ①4-00-115579-6

〔内容〕「百まいのドレス」を持っていると言い張る、まずしいポーランド移民の女の子ワンダ。人気者で活発なペギーが先頭に立って、みんなでワンダ

をからかいます。ペギーの親友マデラインは、よくないことだと感じながら、だまって見ていました…。どんなところでも、どんな人にも起こりうる差別の問題を、むずかしい言葉を使わずにみごとに描いた、アメリカの名作。ロングセラー『百まいのきもの』が50年ぶりに生まれかわりました。

〔推薦者〕学校司書

〔対象〕高学年

〔場面〕我が家の娘に。

〔ひとこと〕感想は聞かなかった作品です。

100万回生きたねこ

佐野洋子著 講談社 1977.10 31p 25×27cm 1400円①4-06-127274-8

〔推薦者①〕司書教諭

〔対象〕全学年

〔場面〕担任教師：日々の読み聞かせで。

〔推薦者②〕司書教諭

〔対象〕高学年

〔場面〕朝の時間や授業に入る前など、そのシーンに合わせて忍ばせたいそんな絵本です。1回で読み切って欲しいです。

〔ひとこと〕本当に大切な人の存在に気がついて欲しい絵本。

100 まんびきのねこ

ワンダ・ガアグ文・絵、石井桃子訳 福音館書店 2007.1 31p 20×27cm 900 円①4-8340-0002-8

〔推薦者〕学校司書

〔対象〕低学年

〔場面〕図書の時間の読み聞かせ。臨時で入った図書の時間だったので、奇想天外な物語を読みたいと思い選びました。

〔ひとこと〕シンプルな挿し絵だけにあふれんばかりのねこの様子に笑いながら聞いていました。

びゅんびゅんごまがまわったら

宮川ひろ作、林明子絵 童心社 2006.4 48p 21×23cm 1300円①4-494-00603-3

〔推薦者①〕司書教諭、ボランティア

〔対象〕中学年

〔場面〕担任教師：朝の読書で読み聞かせ。

〔ひとこと〕本を読んだ後、びゅんびゅんごまをつくって遊びました。

〔推薦者②〕教員・学校司書

〔対象〕全学年

〔場面〕担任教師、学校司書 読書する

時間のはじめなど、本が紹介できるとき。

〔ひとこと〕びゅんびゅんごまを見せて始めると効果的。

漂流物

デイヴィッド・ウィーズナー作 BL出版 2007.5 1冊 24×29cm 1800円①978-4-7764-0238-1

〔内容〕漂流物―やがて、それはどこかの浜辺にうちあげられることだろう。そして、それを見つけた者はとても驚き、だれかに伝えずにはいられない。ウィーズナーがあなたに伝えたい世界とは…。2007年コールデコット賞受賞作品。

〔推薦者〕大学非常勤講師

〔対象〕高学年

〔場面〕字の無い絵本の読み聞かせ。

〔ひとこと〕海岸に打ち上げられたカメラが収めた写真の記憶が次々と明らかになる不思議な展開に、ありえないと思っても息をのんでいく。

ピリカ、おかあさんへの旅

越智典子文、沢田としき絵 福音館書店 2006.7 51p 25×31cm（日本傑作絵

本シリーズ）1700円①4-8340-2214-5

〔**内容**〕ここはさけのあつまる北の海です。ピリカは4さい。さけではもう、りっぱなおとなです。さけたちのふるさととは、カナダやロシア、アメリカなど、いろいろです。ピリカのように、日本でうまれたさけもいます。けれどもさけたちは、自分がどこでうまれたかなんて、ふだんは思い出しもしませんでした。—4歳のサケが、故郷の川で見つけたものは？

〔**推薦者**〕図書館指導員

〔**対象**〕低・中学年

〔**場面**〕指導員：3年生の読書の時間。

〔**ひとこと**〕読むのに10分かかるが、集中して聞いてくれた。特に動物好きな男子が気に入ってくれた。

―――【 ふ 】―――

プゥ1等あげます

灰谷健次郎作、坪谷令子絵 理論社 1979.10 201p 23cm（理論社名作の愛蔵版）971円①4-652-00153-3

〔**推薦者**〕司書教諭、ボランティア

〔**対象**〕中学年

〔**場面**〕担任教師：給食時間や隙間時間に読み聞かせ。

〔**ひとこと**〕先生の趣味は、おなら。先生と生徒の温かな交流が描かれています。

ふうせんばたけの
ひみつ

H. ジャーディン・ノーレン文、マーク・ビーナー絵、山内智恵子訳 徳間書店 1998.2 1冊 29×23cm 1400円①4-19-860809-1

〔**内容**〕ハーベイ・ポッターって、かわってるんだよ。ふうせんをはたけでそだててるんだもの。色とりどりの、いろんな形のふうせんがはたけにたくさんはえてるんだ！いったいどんな種をまいてるんだろう…？畑で風船を育てている不思議な男と友だちになった女の子の、わくわくするような絵本。5歳から。

〔**推薦者**〕図書館司書、読み聞かせボランティア

〔**対象**〕高学年

〔**場面**〕図書館司書：おはなし会。

〔**ひとこと**〕思いのほか高学年の子どもでも楽しみます。

ふしぎなしろねずみ
（韓国のむかしばなし）

チャンチョルムン文、ユンミスク

絵、かみやにじ訳 岩波書店 2009.6 1冊（ページ付なし）24×28cm（大型絵本）1500円①978-4-00-111214-6

〔推薦者〕図書館司書

〔対象〕低学年

〔場面〕司書：読書の時間に行っている読み聞かせで。

〔ひとこと〕日本の子どもたちに伝えたい、韓国の不思議な昔話。

ふしぎなたいこ（にほんむかしばなし）

石井桃子ぶん、清水崑え 第21刷改版 岩波書店 1975.9（第37刷：1995.2）1冊（ページ付なし）21cm（岩波のこどもの本）583円①4-00-115102-2

〔推薦者〕学校司書

〔対象〕低学年

〔場面〕図書担当：図書の時間の読み聞かせ。

〔ひとこと〕本は小さいが、リズムのある文章でとてもよく聞いてくれる。

ふしぎなボジャビのき（アフリカのむかしばなし）

ダイアン・ホフマイアー再話、ピート・

フロブラー絵、さくまゆみこ訳 光村教育図書 2013.5 25p 28×22cm 1400円①978-4-89572-858-4

〔内容〕おなかがぺこぺこのどうぶつたちがいっぽんのふしぎなきをみつけました。そのきには、マンゴーのようにあまいにおいをはなち、メロンのようにおおきく、ザクロのようにみずみずしいあかいみがたくさん！ところが、きのなまえをあてないときにまきついたヘビがどいてくれません。そこで、どうぶつたちは…。

〔推薦者〕図書館司書

〔対象〕幼児〜中学年

〔場面〕図書館司書：公共図書館のおはなし会。

〔ひとこと〕「ふしぎなホジャビのき」「ごちそうの木」は類書、「ごちそうの木」の方が絵がビビットで、動物も洋服を着て今風。呪文などのくり返しが楽しい。アフリカ各地に類話がある昔話の絵本。呪文やくり返しが面白い。

ふしぎなやどや

長谷川摂子文、井上洋介絵 福音館書店 1990.6 35p 27×27cm（日本傑作絵本シリーズ）1300円①4-8340-1039-2

〔推薦者〕司書教諭

〔対象〕2年生から

〔場面〕司書教諭：図書の授業の始ま

りに、読み聞かせの時間で。

〔**ひとこと**〕2年生「国語」の世界の昔話の単元時に。

富士山にのぼる

石川直樹作 教育画劇 2009.11 1冊 22×27cm 1300円①978-4-7746-1147-1

〔**内容**〕10代の頃から世界を旅し、エベレストをはじめとする7大陸の最高峰すべてに登頂をはたした石川直樹が子どもたちへおくる、はじめての写真絵本。

〔**推薦者**〕図書館司書

〔**対象**〕幼児〜高学年

〔**場面**〕図書館司書：公共図書館のおはなし会／ボランティア：学校の朝の読み聞かせ 特に高学年の読み聞かせに紹介している。

〔**ひとこと**〕富士山に登った気持ちになれるストーリー。見開きに装備一式が載っている。

ぶたぬきくん

斉藤洋作、森田みちよ絵、偕成出版社 1998.11①978-4-333-01868-0

〔**内容**〕ぶたぬきくんはかんがえる。ぼくらぶたは、ブヒブヒのんきだからばかにされちゃうんだよ…。やると

きゃやるってとこみせなきゃな！小学一年生から。

〔**推薦者**〕小学校教員

〔**対象**〕低学年

〔**場面**〕毎日5分間の教室での読み聞かせで。

〔**ひとこと**〕本を読むのは楽しいことです。友情だ成長だとテーマ性を前面に押し出すと、本嫌いの子どもを確実に増やしてしまいます。この本、「ぶた」と「たぬき」で「ぶたぬき」。いってみればそれだけ。でも、その"それだけ"に子ども達は食いついてきます。

ふたり

瀬川康男作 富山房 1981.9 27p 22×26cm 980円①4-572-00264-9

〔**推薦者**〕放課後ディ児童指導員、おはなし、読み聞かせ図書館ボランティア

〔**対象**〕全学年

〔**場面**〕ボランティア：朝の10分、15分の読み聞かせの時間で。

〔**ひとこと**〕少し時間が余った時に便利。瀬川さんの線の中でも遠目のきく本です。子どもたち楽しんでくれます。

ふゆめ がっしょうだん

長新太文、冨成忠夫,茂木透写真 福音館書店 1990.1 27p 26×24cm（かがくのとも傑作集）700円①4-8340-1020-1

〔内容〕ウサギさんや、コアラ君の顔があったり、帽子をかぶった子どもの顔に似ていたり…どの写真も、木の芽の冬姿を拡大して写したものです。

〔推薦者〕学校司書

〔対象〕低学年

〔場面〕図書の時間の読み聞かせ。2月～3月にかけて春の訪れが近づく頃に使用します。

〔ひとこと〕「パッパッパッパッ」「みんなはきのめだよ」のところを歌うと大盛り上がり。

【 へ 】

へいわってすてきだね

安里有生詩、長谷川義史画 ブロンズ新社 2014.6.23 1冊 31×23cm 1400円①978-4-89309-587-9

〔内容〕いかなる理由があるにせよ、人々を殺し、傷つけることはまちがいです。6歳の少年の詩を長谷川義史が魂で描いた、沖縄発・平和へのメッセージ。

〔推薦者〕公共図書館スタッフ

〔対象〕2年生

ヘビのひみつ

内山りゅう写真・文 ポプラ社 2009.2 36p 21×26cm（ふしぎいっぱい写真絵本）1200円①978-4-591-10748-5

〔内容〕てやあしがなくて、にょろにょろとうごくヘビ。ちょっとかわったいきものだけど、ヘビにはおもしろいひみつがいっぱい！ページをめくって、ヘビのひみつをさぐりにいこう。

〔推薦者〕図書館司書

〔対象〕幼児～低学年

〔場面〕図書館司書：公共図書館のおはなし会。

〔ひとこと〕蛇腹、という言葉がよく分かる。写真がよい。ヘビが卵を一飲みにする写真が迫力。

ペンギンたんけんたい

斉藤洋作、高畠純絵 講談社 1991.8 76p 21cm（どうわがいっぱい）880円①4-06-197824-1

〔内容〕カヌーにのってみなみのしまにやってきた、ペンギンたんけんたい。

こわーいライオンやニシキヘビ、ワニにあってもしらんかお。小学1年生から。

〔推薦者〕特別支援学校 教諭

〔対象〕全学年

〔場面〕担任による読み聞かせ。

〔ひとこと〕「えんやこら・ごっこい」はことあるごとに掛け声をするときに使った。

──────【 ほ 】──────

冒険者たち
（ガンバと15ひきの
仲間）

斎藤惇夫著 新版 岩波書店 2005.11
394p 18cm（岩波少年文庫）760円①
4-00-114044-6

〔内容〕イタチと戦う島ネズミを助けに、ドブネズミのガンバと仲間たちは夢見が島へ渡りました。どうもうな白イタチのノロイの攻撃をうけ、ガンバたちは知恵と力のかぎりをつくして戦います。胸おどる冒険ファンタジーの大作。小学4・5年以上。

〔推薦者〕司書教諭、ボランティア

〔対象〕高学年

〔場面〕担任教師：給食時間や隙間時

間に読み聞かせ。

〔ひとこと〕半年かけて読み終えるころには、クラス全員が自分で読んでいました。

ぼくがラーメン
たべてるとき

長谷川義史作・絵 教育画劇 2007.7 1
冊 27×22cm 1300円 ①978-4-7746-
1057-3

〔内容〕ぼくがラーメンたべてるとき、となりでミケがあくびした。となりでミケがあくびしたとき…とおくとおくはなれたくにでいまなにがおこっているのだろう？おなじこのそらのしたで。

〔推薦者〕図書館司書

〔対象〕低学年

〔場面〕おはなし会（図書館・定例）。

〔ひとこと〕身近な日常からだんだんと世界に広がっていく過程に、翻って親近感が湧く。

ぼくのかえりみち

ひがしちから作 BL出版 2008.10 1冊
27×22cm 1300円 ①978-4-7764-0317-3

〔内容〕あるひのかえりみち、そらくんは、みちのまがりかどでぴたりとと

まってつぶやきました。「きょうは、このしろいせんのうえをあるいてかえろう」ところが、とちゅうにパイロンや犬があらわれて…。はたしてそらくんはぶじにいえにかえりつけるのでしょうか？ちいさなぼうけん。

〔推薦者〕図書館司書

〔対象〕低学年

〔場面〕おはなし会（図書館・定例）。

〔ひとこと〕ふだんの通学路が冒険の世界になるワクワク感に引き込まれる子がいた。

ボクのかしこいパンツくん

乙一原作、長崎訓子絵 イースト・プレス 2012.9 32p 27×22cm 1300円 ① 978-4-7816-0829-7

〔内容〕ボクたちは、いつでも一緒。少年がパンツと過ごした、かけがえのない日々。鬼才・乙一の異色短編を、長崎訓子が絵本化。

〔推薦者〕学校司書・絵本専門士

〔対象〕6年（高学年）

〔場面〕3学期 最後の読み聞かせで。

〔ひとこと〕中学へ進学する児童へ贈る一冊。作者の乙一についてもふれ、中学の朝読書へつなげる。

ぼくのかわいくないいもうと

浜田桂子作 ポプラ社 2005.9 31p 26×22cm（絵本のおもちゃばこ）1200円 ①4-591-08807-3

〔内容〕ぼくのいもうとはちっともかわいくない。おしゃべりででしゃばりで、もういやになっちゃう！

〔推薦者〕司書教諭

〔対象〕低学年

〔場面〕司書教諭：図書の授業の始まりに、読み聞かせの時間で。

〔ひとこと〕2年生の4月に。

ぼくのジィちゃん

くすのきしげのり作、吉田尚令絵 佼成出版社 2015.3 1冊 25×22cm 1300円 ①978-4-333-02698-2

〔内容〕ジィちゃんがいなかからやってきた。ティーシャツのすそをズボンにいれて、いつもにこにこわらってるだけのジィちゃん。なんだかぼくのジィちゃんかっこわるい…。でもジィちゃんには、ぼくがしらないすごいひみつがあったんだ。

〔推薦者①〕小学校特別支援教室専門員

〔対象〕全学年

〔ひとこと〕運動会の時期に。ラスト
がたまらなく面白い展開に。リクエス
トがとても多かった本。

〔推薦者②〕学校司書

〔対象〕低・中学年

〔場面〕図書の時間。

〔ひとこと〕主人公の男児は徒競走の
苦手な小2。運動会の関連の絵本とし
ても、また敬老の日にちなんでの紹
介もできる。(ただし、祖父母の話題
NGな児童が聞き手にいないかは担任
などに確認すると安心。)ヒーローが
ジィちゃんになる展開が楽しい。

ぼくの先生は東京湾

中村征夫写真・文 フレーベル館
2015.8 1冊 22×27cm(ふしぎびっく
り写真えほん)1400円 ①978-4-577-
04304-2

〔内容〕東京湾をまもる?それともよ
ごす?東京湾のかんきょうをまもるた
めに、ぼくたちができること。それを
知ること。そして、水を流すときに
ちょっと考えること。写真家が38年間
見てきた東京湾のすがた。

〔推薦者〕学校司書

〔対象〕中学年

〔場面〕図書館担当:4年生社会「くら
しをささえる水」に合わせて。

〔ひとこと〕ひと昔前の東京湾より今

はずっときれいになっていること、
ヘドロの海にも生きものがいたこと、
赤潮の原因は生活排水にあることな
ど、ページをめくるたびに声があが
りました。

ぼくはうちゅうじん (ちきゅうの ふしぎ絵本)

中川ひろたか文、はたこうしろう絵
アリス館 2014.10.10 1冊 31×22cm
1400円 ①978-4-7520-0690-9

〔内容〕ちきゅうも、ほしなの?うちゅ
うに、ほしはいくつあるの?地球から
宇宙へ、夢をひろげる子どもたちへ—

〔推薦者〕司書教諭、個人文庫主宰

〔場面〕宇宙に興味を持っている子ど
もに読んであげている。

〔ひとこと〕ぼくたち地球人も宇宙人
ということに気付くことができる。発
想の転換ができる。

ぼく、ロケットに なりそうだ

今関信子作、長谷川知子絵、教育画劇
1992.8 70p 23×19cm スピカの創作童
話〈27〉951円 ①4-87692-032-X

〔内容〕「ハツコイ?」わたるの頭は、

子どもの心を動かす読み聞かせの本とは　201

こんがらがってきました。「おまえ、はつこい、しらないのか」しってるよぉ、むねをはっていいたかったのですが、ざんねんです。しりません。「しょうがないよな。おまえはまだ小さいんだ。そのうち、わたるもケイケンするよ」三年生のわたるとかなえの、〈どきん〉とするような、はつこい物語。

〔推薦者〕小学校教員

〔対象〕2,3年

〔場面〕毎日5分間の教室での読み聞かせで。

〔ひとこと〕読み聞かせ中に挿絵をみせることはまずありませんが、この本は別です。見開きカラーで描かれた絵のページ、とくに60〜61ページは、「わたるの心ぞうは、大だいこの連続打ちみたいに、どどどどどどとなっています」と言いながらページをめくり、本を高く掲げてゆっくりと見せてあげてください。

ほしじいたけ ほしばあたけ

石川基子作 講談社 2015.9 1冊 27×22cm（講談社の創作絵本）1300円①978-4-06-133272-0

〔内容〕おひさま浴びて、からっから。長老きのこの、知恵と勇気のおはなし。講談社絵本新人賞受賞。

〔推薦者〕学校司書

〔対象〕低学年

〔場面〕図書担当：図書の時間の読み聞かせ。

〔ひとこと〕干しシイタケがわからなくても、じいたけ、ばあたけの活躍を見て、楽しそうに聞いている。

ボチボチイコカ

マイク・セイラー作、ロバート・グロスマン絵、今江祥智訳 偕成社 1980.06 1200円①978-4-03201-230-9

〔推薦者①〕特別支援学校 教諭

〔対象〕高学年

〔場面〕担任による読み聞かせ。

〔ひとこと〕大阪弁が新鮮。落ちがわかりやすい。

〔推薦者②〕図書館指導員

〔対象〕低学年

〔場面〕指導員・担任：短い時間で読み聞かせたいとき。

〔ひとこと〕単純だが、子どもは意外と好き。関西弁を練習して読みたい本。

ポットくんのおしり

真木文絵文、石倉ヒロユキ絵 福音館書店 1998.4 31p 26cm（福音館のかがくのえほん）1100円①4-8340-1540-8

〔内容〕ポットくんのおしりには、なぜ大きなあながあるのだろう？読み終わると、家族そろって土いじりをしたくなるちょっとおしゃれなガーデニングの絵本です。おしりのあながすーすーしてこまった植木鉢のポットくん。庭のなかまジョウロさん、ミミズくん、シャベルじいさんにそうだんしました。みんながあつまって考えていると、こんどはまいごのヒヤシンスちゃんまで泣きだしました。小さな庭でおきるできごとを、ダイナミックに描いた幼児から大人まで楽しめる絵本です。

〔推薦者〕司書教諭

〔対象〕低学年

〔場面〕司書教諭：図書の授業の始まりに、読み聞かせの時間で。

〔ひとこと〕4月に植物の種を植えた時に。

ほね・ホネ・がいこつ！

中川ひろたか文、スズキコージ絵 保育社 2013.10 1冊 25×22cm（すごいぞ！ぼくらのからだシリーズ）1200円 ①978-4-586-08527-9

〔内容〕絵本ファン待望の中川ひろたか＆スズキコージ初共作！こんなガイコツみたことない！

〔推薦者〕図書館司書

〔対象〕幼児～高学年

〔場面〕図書館司書：公共図書館のおはなし会／ボランティア：学校の朝の読み聞かせ。

〔ひとこと〕面白い絵だが、骨の意義がよく分かる。ホネの意味や大切さを、面白おかしく伝えてくれる。

炎をきりさく
風になって
（ボストンマラソンを
はじめて走った
女性ランナー）

フランシス・ポレッティ,クリスティーナ・イー著、スザンナ・チャップマン絵、渋谷弘子訳 汐文社 2018.2 1冊 28×23cm 1800円 ①978-4-8113-2473-9

〔内容〕ボビーは走ることが大好きだった。友だちがみんな走るのをやめても、走るなんて「女らしくない」と言われても、走りつづけた…いまでは毎年12000人以上の女性が参加するボストンマラソン。たった50年前には女性は参加することすらできなかった。その歴史の最初の一歩をふみだした、ボビー・ギブの物語。

〔推薦者〕学校司書

〔対象〕中・高学年

〔場面〕今後の図書の時間やオリンピックパラリンピック関連の授業がさらに盛んになるので、機会を見つけて紹介

したい絵本。

〔**ひとこと**〕実話。女性のスポーツ参加。あきらめない気持ち。きれいな絵柄のブックジャケット。

ホームランを打ったことのない君に

長谷川集平作 理論社 2006.1 1冊 26cm 1200円 ①4-652-04048-2

〔**内容**〕試合でちっとも打てないぼくは、野球部出身の仙吉に出会う。ぼくもいつかホームランを打つ。あきらめずにがんばろうと誓うのだった…。夢にむかって歩き続けることの大切さを、野球が大好きな少年と野球を愛し続ける青年の交流を通してえがく絵本。

〔**推薦者**〕図書館指導員

〔**対象**〕高学年

〔**場面**〕図書の授業始めにじゅうたんの敷いてある場所で。

ほーら、これでいい！（リベリア民話）

ウォン＝ディ・ペイ，マーガレット・H.リッパート再話、ジュリー・パシュキス絵、さくまゆみこ訳 アートン 2006.10 35p 26×21cm 1500円 ① 4-86193-066-9

〔**内容**〕むかしむかし、あたまはひとりぼっちでした。あたまには足も腕も胴体もなく、ごろごろ転がってうごくしかありません。そんなある日、あたまは腕や胴体、足と出会い、みんなで一つになることに。さて、お互いどうやってくっついたらいいのでしょう？「これでどう？」「それとも、こうかな？」みんながうまくくっついたら…ほーら、これでいい！みんなで力を合わせたら…、ほら！母から子へ、大切に語り伝えてきた物語。アフリカの絵本。

〔**推薦者**〕司書教諭

〔**対象**〕低学年

〔**場面**〕図書の授業の始まりに、読み聞かせの時間で。

ほんちゃん

スギヤマカナヨ作 偕成社 2009.6 32p 26cm 1000円 ①978-4-03-331680-2

〔**内容**〕ほんのこどものほんちゃんは、しょうらい、どんなほんになるかかんがえています。としょかんにすむほんちゃんのおかあさんは、「りっぱなずかんになりなさい」といいます。ほんちゃんは、どんなほんになるのでしょう？3歳から。

〔**推薦者**〕図書館指導員

〔**対象**〕中学年

〔**場面**〕図書の授業始めにじゅうたん

の敷いてある場所で。

〔ひとこと〕あらためて本を大切にしてほしいと思って。

ほんとうのことをいってもいいの？

パトリシア・C.マキサック文、ジゼル・ポター絵、ふくもとゆきこ訳 BL出版 2002.4 1冊 29×24cm 1300円 ①
4-89238-560-3

〔内容〕リビーはお母さんにうそをついて友だちと遊びに行こうとしました。はじめてお母さんについたうそ。おなかが苦しくて、涙があふれて…。その日から、リビーはほんとうのことだけを言おうと誓います。ところが、正直になろうとすればするほど、友だちを傷つけてしまうことになり、リビーは混乱します。単なる正直ではなく、まず相手の気持ちを思いやること。大切なメッセージが伝わる一冊。

〔推薦者〕学校司書

〔対象〕1年生

〔場面〕「図書の時間」（週一回、国語からの授業時間）の読み聞かせ。

〔ひとこと〕楽しいばかりが読書ではない事を伝えてくれます。子どもたちの真剣な表情が見られます。

ほんとのおおきさ動物園

小宮輝之監修、福田豊文写真 学習研究社 2008.3 43p 38×27cm 1500円 ①
978-4-05-202930-1

〔内容〕小さなネズミから大きなゾウまで。こんなのはじめて！実物大の動物図鑑。ワイドページでキリンのほんとのおおきさもわかります。

〔推薦者①〕司書教諭、ボランティア

〔対象〕低学年

〔場面〕担任教師：朝の読書で読み聞かせ。

〔ひとこと〕実物大の写真の迫力に、大喜びします。

〔推薦者②〕学校司書

〔対象〕低・中学年

〔場面〕図書の時間。校外学習動物園の前などに。

〔ひとこと〕調べ学習にもつかえる大きな絵本だが、学級のみんなと一緒に「大きいねぇ」と言い合いながら聞いてもらえることで、一体感も生まれるように感じる。公立図書館蔵書には散見するが、2008年刊なので学校図書館にはすでに蔵書がない可能性もあり。

子どもの心を動かす読み聞かせの本とは　205

【ま】

まいごになった
おにんぎょう

A. アーディゾーニ文、E. アーディゾーニ絵、石井桃子訳 岩波書店 2001.11
47p 21×17cm（岩波の子どもの本）
800円①4-00-115144-8

〔内容〕あるところに、ちいさなおにんぎょうがいました。でも、もちぬしのおんなの子はにんぎょうなんかすきではありませんでした。

〔推薦者〕学校司書

〔対象〕中学年

〔場面〕我が家の娘に。

〔ひとこと〕お人形の目線で描かれた景色が新鮮です。

マイナス50℃の世界

米原万里著、山本皓一写真 清流出版 2007.1 125p 22cm 1500円 ①978-4-86029-189-1

〔推薦者〕学校司書

〔対象〕4年生

〔場面〕「図書の時間」（週一回、国語からの授業時間）の読み聞かせ。

〔ひとこと〕異文化への興味を引き出

してくれる本です。真剣に聞いています。

まいにちがプレゼント

いもとようこ作・絵 金の星社 2018.9
1冊 24×25cm 1400円 ①978-4-323-02467-7

〔内容〕プレゼントってきくとおくりものをおもいうかべるでしょう？でもプレゼントにはべつのいみもあるのです。

〔推薦者〕図書館指導員

〔対象〕全学年

〔場面〕教師：低学年？ 礼拝のお話で。

〔ひとこと〕大人にも深い印象を残す絵本。

マクドナルドさんの
やさいアパート

ジュディ・バレット文、ロン・バレット画、ふしみみさを訳 朔北社 2009.9
1冊（ページ付なし）27cm 1300円①
978-4-86085-081-4

〔推薦者〕小学校特別支援教室専門員

〔対象〕低学年

〔ひとこと〕①サツマイモを植える時期に読み聞かせ。②自分たちとこの本のサツマイモの植え方のギャップに笑

いの渦が。③マクドナルドさんという名前が親近感をよぶ。

マコチン

灰谷健次郎著 あかね書房 1975.7 77p 23cm（あかね新作幼年童話）1100円 ①4-251-03534-8

〔推薦者〕司書教諭、ボランティア

〔対象〕中学年

〔場面〕担任教師：給食時間や隙間時間に読み聞かせ。

〔ひとこと〕乱暴な行動をとるマコチンには、やさしい気持ちがあることが、書かれています。

またあしたあそぼうね

山下ますみ文、ささきみお絵 新日本出版社 2019.2 31p 22×19cm 1400円① 978-4-406-06340-1

〔内容〕あしたのやくそくをのみこんだ、炎の夜。東京大空襲の体験者の話をもとにした絵本。

〔推薦者〕学校司書

〔対象〕中・高学年

〔場面〕図書の時間。3年（浅草校外学習や『ちいちゃんのかげおくり』などの戦争についての学習を済ませた後）。

〔ひとこと〕2019年3学期に3年クラスで実施した際、1クラスだけ感受性の強い児童がいたので担任と、本人が号泣するようなら読み聞かせ途中でも廊下に連れ出してクールダウンさせることを相談して実施。結果、涙は流しながらも最後まで聞いてくれた。どのクラスの児童も本当にあったことなんだという悲しい出来事を受け止めてくれた。（担任曰く、「こんなに悲しい出来事はお話の世界であって欲しいと願う子どもの気持ちがあったのではないか」）今後も紹介していきたい。本校と同じ自治体で学校司書を務める著者が、「東京大空襲」を児童たちに伝えていけるように、優しい絵柄の絵作者や絵本に登場する女児のモデルとなった方と作り上げた作品。

またまた
ねえ、どれがいい？

ジョン・バーニンガム作、まつかわまゆみ訳 評論社 2018.6 1冊 31×27cm（児童図書館・絵本の部屋）1500円① 978-4-566-08035-5

〔内容〕こどもたちをとびっきりのえがおにしたえほん、『ねえ、どれがいい？』から35年。なんとつづきのおはなしができました！こんかいも、「えー、えらべない！」というこえがきこえてきそうなきゅうきょくのせんたくがとうじょうしますよ。みんなでたのしんでね！

子どもの心を動かす読み聞かせの本とは　207

〔推薦者〕学校司書

〔対象〕低学年

〔場面〕図書の時間の読み聞かせ。1学期の中頃に使用しました。

〔ひとこと〕質問に答えてどっちがいいか選んでね。だけど、ずっとおしゃべりをしていると次に進めないよ。と説明して読みました。

まちにはいろんなかおがいて

佐々木マキ文・写真 福音館書店 2013.9 26p 27cm（こどものとも絵本）800円①978-4-8340-8017-9

〔推薦者〕図書館司書、読み聞かせボランティア

〔対象〕中学年以上

「まちにはいろんなかおがいて」
佐々木マキ文・写真 福音館書店

〔場面〕図書館司書：おはなし会／ボランティア：病院の個室。

〔ひとこと〕読み終わると必ず「かお」をみつけて教えてくれる子どもがいます。

まほうのコップ

藤田千枝原案、川島敏生写真、長谷川摂子文 福音館書店 2012.9 23p 24×21cm（幼児絵本ふしぎなたねシリーズ）800円①978-4-8340-2747-1

〔内容〕コップの後ろにいちごを置くと…ぐんにゃりつぶれちゃった。コップと水のまほうです。たねもしかけもありません。

〔推薦者〕図書館指導員

〔対象〕低学年

〔場面〕図書の授業始めにじゅうたんの敷いてある場所で。

〔ひとこと〕家に帰ったらやってみる！という子どもがたくさんいました。

まゆとおに（やまんばのむすめまゆのおはなし）

富安陽子文、降矢なな絵 福音館書店 2004.3 30p 27cm（《こどものとも》傑作集）800円①4-8340-0998-X

ブックガイド編　　　　　　　　　　　　　　　　　　　　まるま

〔推薦者①〕教員・学校司書

〔対象〕中学年

〔場面〕担任 学校司書 読書をする時間のはじめ、教室での読み聞かせ時間に。

〔ひとこと〕子ども達に怪力で天真爛漫なまゆを楽しんでもらいたい。

―――――――――――――――

〔推薦者②〕学校司書

〔対象〕低学年

〔場面〕図書室：節分の時期にあわせて。

〔ひとこと〕まゆの豪快さに、みんなもびっくり。

マララとイクバル（パキスタンのゆうかんな子どもたち）

ジャネット・ウィンター作、道傳愛子訳 岩崎書店 2015.3 1冊 29×21cm 1600円①978-4-265-85084-6

〔内容〕「なぜ女の子は学校にいけないの？」マララは、ゆうかんな女の子でした。女の子が学校に通う権利を訴えつづけ、そしてある日、タリバンの兵士に撃たれてしまいます―。ノーベル平和賞を受賞した少女マララの物語。「ぼくたちは、自由なんだよ！」イクバルは、ゆうかんな男の子でした。四歳のときから絨毯工場で働きはじめ、十歳で解放されてからは、児童労働に

対し、声をあげました、銃弾に倒れる日まで―。子どもたちに希望を与えた少年イクバルの物語。

〔推薦者〕学校司書・絵本専門士

〔対象〕4 〜 6年

〔場面〕人権週間など授業で国際問題などを扱ったとき。

〔ひとこと〕伝記やドキュメンタリーを合わせて紹介します。時間によって半分だけ読んだりします。

まるまるまるのほん

エルヴェ・テュレ作、谷川俊太郎訳 ポプラ社 2010.6 1冊 23×23cm 1300円 ①978-4-591-11760-6

〔内容〕ほんをひらいて、まるをおして、こすって、くりっくしてごらん…。えほんのまるがうごきだす。これは、よむほんではありません。まるでいきているようなまるをつかってあそぶまるっきりあたらしいあそびのほんです。あかちゃんからおとなまで、すべてのひとの感じる心へ。

〔推薦者①〕学校司書

〔対象〕低学年

〔場面〕朝の読み聞かせボランティアでの使用。他の人が読むのを見学させていただきました。

〔ひとこと〕小人数で実際に本に触りながらはもちろん、ある程度の人数に

子どもの心を動かす読み聞かせの本とは　209

は十分対応できると感じました。遊びながら楽しめる絵本。

〔推薦者②〕学校司書

〔対象〕低学年

〔場面〕学校司書、特別支援学級担任（教室）、文庫活動の市民。

〔ひとこと〕ブックジャケットの文言に「これはよむほんではありません」とあるように、読み手と聞く児童が一緒に楽しめる絵本。文中に「こする」「くりっくする」という言葉も現代に生きる子どもたちに受けます。

まんじゅうこわい（落語絵本）

川端誠作 クレヨンハウス 1996.3 1冊 30cm 1200円①4-906379-56-7

〔推薦者〕司書教諭

〔対象〕中学年

〔場面〕担任教師：国語の授業に合わせて。

——— 【み】———

見えなくても だいじょうぶ？

フランツ＝ヨーゼフ・ファイニク作、フェレーナ・バルハウス絵、ささきたづこ訳 あかね書房 2005.4.20 25p 30×22cm（あかね・新えほんシリーズ〈22〉）1400円①4-251-00942-8

〔内容〕お買い物にきた町の通りまんなかでカーラはまいごになってしまいました。おとうさんとおかあさんにはぐれてしまったのです。だれも、カーラのことなんか心配してくれません。カーラに声をかけてくれたのはなんと、目が不自由なおにいさんでした。おにいさんはカーラをたすけてくれるというのですが、でも、どうするのでしょう。

〔推薦者〕司書教諭、個人文庫主宰

〔場面〕総合の福祉の勉強をするさいに導入として読み聞かせをした。

〔ひとこと〕視覚障害を持った人の生活を想像させることができ点字などの学習の導入となる。

みえるとか みえないとか

ヨシタケシンスケ作、伊藤亜紗相談
アリス館 2018.7 1冊 26×21cm 1400円
①978-4-7520-0842-2

〔内容〕うちゅうもちきゅうもいっしょ
だな。おなじところをさがしながら、
ちがうところをおたがいにおもしろが
ればいいんだね。"ちがいをかんがえ
る"えほん。

〔推薦者〕学校司書

〔対象〕中学年

〔場面〕図書担当：国語、総合で福祉
を勉強しているときに。

〔ひとこと〕文があちこちにあるので
読みにくいが楽しんでくれる。

みかんのひみつ

鈴木伸一監修、岩間史朗写真 ひさか
たチャイルド 2007.12 31p 21×24cm
（しぜんにタッチ！）1000円①978-4-
89325-068-1

〔内容〕おいしいだけじゃない、発見
がいっぱい！自然とふれあえる写真絵
本。幼児〜小学校低学年向き。

〔推薦者①〕図書館司書

〔対象〕幼児〜高学年

〔場面〕図書館司書：公共図書館のお

はなし会／ボランティア：学校の朝の
読み聞かせ。

〔ひとこと〕秋冬におすすめ。みかん
の皮をむいて、つぶつぶまで分解して
いくシーンが圧巻。

〔推薦者②〕特別支援学校　教諭

〔対象〕低学年〜高学年

〔場面〕学校図書館支援員による本の
紹介

〔ひとこと〕冬に読むとよりみかんが
好きになる。

みどりいろのたね

たかどのほうこ作、太田大八絵 福音
館書店 1988.4 95p 21cm（福音館創作
童話シリーズ）1000円①4-8340-0767-7

〔内容〕まあちゃんたちのクラスでは、
みんなそろって、はたけにたねをまく
ことになりました。…4歳から。

〔推薦者〕図書館指導員

〔対象〕低学年

〔場面〕担任：1年生。

〔ひとこと〕絵本からやさしい読み物
にステップアップする時に使える。

みどりの船

クェンティン・ブレイク作、千葉茂

子どもの心を動かす読み聞かせの本とは　211

樹訳 あかね書房 1998.5 1冊 32×23cm（あかねせかいの本）1600円①4-251-00525-2

〔**推薦者**〕図書館司書

〔**対象**〕高学年

〔**場面**〕ボランティア：学校の朝の読み聞かせ。特に高学年の読み聞かせに紹介している。高学年の読み聞かせに、千葉茂樹訳の絵本はオススメと、長いボランティアに聞いている。

〔**ひとこと**〕夏休み前にオススメ。低学年から楽しめるが、理解が深まるのは高学年。

耳の聞こえないメジャーリーガーウィリアム・ホイ

ナンシー・チャーニン文、ジェズ・ツヤ絵、斉藤洋訳 光村教育図書 2016.10 1冊 27×21cm 1400円 ①978-4-89572-899-7

〔**内容**〕「ストライク」「セーフ」。今ではだれもが知っている審判のジェスチャーを考えた、あるメジャーリーガーの伝記。

〔**推薦者**〕学校司書

〔**対象**〕中学年

〔**場面**〕図書の時間。

〔**ひとこと**〕2017年青少年読書感想文

課題図書。中学年。実在したメジャーリーガーの伝記。今でこそ当たり前の試合中のサインや審判のジェスチャーなど児童の興味を注ぐだけでなく、前向きさ、挑戦する気持ち、障がいを持った方に対する配慮などに気づかせてくれる。

ミリーのすてきなぼうし

きたむらさとし作 BL出版 2009.6 1冊 29×24cm 1500円①978-4-7764-0363-0

〔**内容**〕おきにいりのぼうしがほしいミリーですが、おかねをもっていません。でも、ミリーはとびきりすてきなぼうしをてにいれました。ミリーだけのとくべつなぼうし！そのぼうしとは…。

〔**推薦者**〕図書館指導員

〔**対象**〕中学年

〔**場面**〕図書の授業始めにじゅうたんの敷いてある場所で。

ミルクこぼしちゃだめよ！

スティーヴン・デイヴィーズ文、クリストファー・コー絵、福本友美子訳 ほるぷ出版 2013.7.25 1冊 25×29cm

ブックガイド編　　　　　　　　　　　　　　　　　　むかし

1500円①978-4-593-50551-7

〔内容〕これは、西アフリカのニジェールという国のおはなしです。ある日ペンダは、山のうえのおとうさんに、ミルクをとどけることにしました。砂丘をとおって、お祭をぬけ、川をわたって、キリンのむれをすりぬけて…。さて、頭のうえのミルクを、1てきもこぼさずに、ちゃんととどけられるでしょうか？

〔推薦者〕教員・学校司書

〔対象〕低学年

〔場面〕担任、学校司書 読書する時間のはじめなど本が紹介できるとき。

〔ひとこと〕西アフリカが舞台。明るい色彩の絵本。楽しく多文化に触れられる。

みんなうんち

五味太郎著 福音館書店 1981.2 27p 25cm（かがくのとも傑作集）838円① 4-8340-0848-7

〔推薦者〕学校司書

〔対象〕低学年

〔場面〕図書室：通年の図書の時間に。

〔ひとこと〕ウンチの話題はみんな大好き。

みんなの世界

マンロー・リーフ文・え、光吉夏弥訳 岩波書店 1953.12（第23刷：2004.2）1冊（ページ付なし）21cm（岩波の子どもの本）900円①4-00-110031-2

〔推薦者〕司書教諭、ボランティア

〔対象〕高学年

〔場面〕担任教師：給食時間や隙間時間に読み聞かせ。

〔ひとこと〕身近な民主主義をわかりやすく解説してくれます。

──────【む】──────

むかしむかしとらとねこは…（中国のむかし話より）

大島英太郎文・絵 福音館書店 2009.4 35p 26×27cm（日本傑作絵本シリーズ）1300円①978-4-8340-2440-1

〔内容〕むかしむかし、トラはとてものろまで、獲物を捕るのが下手でした。そこで、毎日たくさんの獲物を捕ってくるネコに、狩りの方法をこのおれにも教えてくれよ、と頼みました…。

〔推薦者①〕司書教諭

子どもの心を動かす読み聞かせの本とは　213

〔対象〕低学年

〔場面〕司書教諭：図書の授業の始まりに、読み聞かせの時間で。

〔推薦者②〕図書館司書

〔対象〕低学年

〔場面〕司書：読書の時間に行っている読み聞かせで。

〔ひとこと〕巧みに描かれた虎と猫の表情が素晴らしい。

むじな

小泉八雲作、平井呈一訳 偕成社 1991.7 254p 19cm 怪談—小泉八雲怪奇短編集 偕成社文庫〈3155〉収録 700円①978-4-036-51550-9

〔推薦者〕学校司書

〔対象〕高学年

〔場面〕図書の時間。暑いころの読み聞かせ。

〔ひとこと〕日本では古来より暑いころには怪談を聞いて涼しい思いをする、という前振りの後、静かに読み聞かせます。平井呈一訳の物が格調高く、読み聞かせていてもすごみがあるように思います。

むらをすくったかえる

サトシン作、塚本やすし絵 ディスカヴァー・トゥエンティワン 2013.4 1冊 25×27cm 1300円①978-4-7993-1317-6

〔内容〕むらはずれのぬまのほとりにすみついたいっぴきのかえる。しかし、むらびとたちからは「きもちわるいよそものがえる」としてきらわれていた。やがてむらがだいかんばつにおそわれるとしったかえるは、おもった。「まもなくたはたはかわき、いどはかれ、むらじゅうしにたえてしまうことだろう。ざまあみろだ！」しかしかえるはこうもおもった。「だけど、もし、おれのあまごいのうたでひでりからむらをすくうことができたなら…」。

〔推薦者〕図書館司書

〔対象〕低学年

〔ひとこと〕最後は主人公が死んでしまう悲しいお話だが、「信じる」ということを伝えてくれる。

むらの英雄

わたなべしげお文、にしむらしげお絵 瑞雲舎 2013.4 1冊 22×30cm（エチオピアのむかしばなし）1400円①978-4-916016-97-3

〔内容〕むかし、アディ・ニハァスというむらの12にんのおとこたちが、こなをひいてもらうために、マイ・エデ

ガというまちへいった。かえりみち、ひとりがなかまをかぞえたが、じぶんをかぞえるのをわすれたので11にんしかいなかった。「たいへんだ！だれかがいないぞ！」「きっとヒョウにやられたにちがいない！」さてそれからどうなった…？

〔推薦者〕図書館司書

〔対象〕中学年

〔場面〕司書：国語の時間に行っている読み聞かせで。

〔ひとこと〕とんでもなく間抜けな男たちの繰り広げる面白いおはなし。

──── 【め】 ────

メアリー・スミス

アンドレア・ユーレン作、千葉茂樹訳 光村教育図書 2004.7 32p 21×26cm 1400円①4-89572-640-1

〔内容〕月曜日の朝、よあけを待たずに家をでて、町へといそぐ、メアリー・スミス。ゴムのチューブに豆をこめ、ふいてとばす、その仕事とは。

〔推薦者①〕司書教諭

〔対象〕低学年

〔場面〕図書の授業。

〔ひとこと〕豆をふきとばして、人を

目覚めさせるというメアリー・スミス。読み聞かせ後に、実在していた人物だと知らせると、さらに楽しめる。

〔推薦者②〕図書館指導員

〔対象〕低・中学年

〔場面〕指導員：1年生学年末の読書の時間。

〔ひとこと〕「本当にいた変わった仕事の人の話」と前置きして読んだ。面白がって聞いていた。

メガネをかけたら

くすのきしげのり作、たるいしまこ絵 小学館 2012.10 1冊 21×23cm 1500円 ①978-4-09-726485-9

〔内容〕メガネをかけなくちゃいけなくなった。そんなのぜったいにいや！だって、だれもかけてないもの。きっとみんなにわらわれるもの。でもね、もしメガネをかけたらこんなすてきなものがみえるかもしれませんよ。

〔推薦者〕図書館指導員

〔対象〕低学年

〔場面〕担任：1年生 眼鏡をからかわれた子がいた時。

〔ひとこと〕担任の先生がタイムリーに役立ててくれた。図書室にぜひ置いておきたい本。

めがねがなくても ちゃんとみえてる もん！

エリック・バークレー作、木坂涼訳 ブロンズ新社 2015.3 1冊（ページ付なし）23×25cm 1400円①978-4-89309-599-2

〔推薦者〕司書教諭

〔対象〕低学年

〔場面〕図書の授業（視力検査のころ）。

〔ひとこと〕めがねをかけるのを嫌がったり、はずかしがったりしている子がいたら、そんなことはないという思いになれそうな内容。

めちゃまちゃごためぜ

パウル・マール作、虎頭恵美子ほか訳、古味正康絵 岩崎書店 1996.10 125p 1150円①978-4-264-06107-9

〔内容〕本書には、箱のラベルに「めちゃめちゃごたまぜ」と書くところを、「めちゃまちゃごためぜ」と書いてしまった、とてもせいりずきなぼくのおじさんや、どんなものでもかじりぬいてしまう、とくべつな歯をした飼いネズミの話などが、ゴチャゴチャと、ごたまぜにはいっています。

〔推薦者〕小学校教員

〔対象〕5年生

〔場面〕5年生の読み聞かせ。

〔ひとこと〕ひとことで言えばナンセンスストーリーです。魔法のシルクハットを手に入れた手品師シャイベンコルクさんの話、周囲12メートル四方の人が地面にたおれてしまうほどのくしゃみをするフォルトヴェングラーさんの話などなど、「うっそー！　ほんとー？」と口をついてしまいそうな物語が10話も収められています。空想癖のある人にもオススメ、かな？

めっきらもっきら どおんどん

長谷川摂子作、ふりやなな画 福音館書店 1990.3 31p 20×27cm（〈こどものとも〉傑作集）650円①4-8340-1017-1

〔推薦者①〕学校司書

〔対象〕低学年

〔場面〕図書室：夏休み前に。

〔推薦者②〕図書館司書

〔対象〕低学年

〔場面〕司書：読書の時間に行っている読み聞かせで。

〔ひとこと〕リズミカルでふしぎな言葉が繰り返され、異世界に引き込まれるような面白さがある。

〔推薦者③〕幼稚園教諭

〔対象〕幼児

メリークリスマス
おおかみさん

みやにしたつや作・絵 女子パウロ
会 2000.10 1冊 26×23cm 1000円　①
4-7896-0520-5

〔内容〕あしたはクリスマス。はらぺ
こおおかみがもりをあるいているとた
のしそうなうたがきこえてきました。
うたっていたのはなんと12ひきのこぶ
たたちでした…。

〔推薦者〕学校司書

〔対象〕1年生

〔場面〕「図書の時間」（週一回、国語
からの授業時間）の読み聞かせ。

〔ひとこと〕もどかしさを表現する声
は、言葉に出してこそ生かされるよう
で、必ず子どもは真似をします。

―――【も】―――

もっちゃうもっちゃう
もうもっちゃう

土屋富士夫作・絵 徳間書店 2000.1 1
冊 30cm 1400円①4-19-861134-3

〔内容〕おしっこしたい！と、デパー
トにとびこんだ。ところが、トイレは
こうじちゅう。あわててほかのトイレ
をみつけたけれど…こんなのひど～
い！さいごのさいごまでおもいもかけ
ない話の展開に、びっくり。何度読ん
でも、笑ってしまう「おしっことおと
この子」のゆかいなおはなし。5さい
から。

〔推薦者〕図書館指導員

〔対象〕低学年

〔場面〕指導員：1年生 急に何か読む
ことになった時など。

〔ひとこと〕じっくり聞かせるタイプ
の本と組み合わせて息抜きに。読み手
も楽しい。

もっとおおきな
たいほうを

二見正直作 福音館書店 2009.11 31p
20×27cm（こどものとも絵本）800円

①978-4-8340-2475-3

〔推薦者〕学校司書

〔対象〕低学年

〔場面〕図書室：平和学習関連で。

〔ひとこと〕きつねの大砲がなんともユーモラス。

ものぐさトミー

ウィリアム・ペーン・デュボア文・絵、松岡享子訳 岩波書店 2001.10 44p 21×17cm（岩波の子どもの本）880円①4-00-115129-4

〔推薦者①〕司書教諭

〔対象〕2年生

〔場面〕図書の授業。

〔ひとこと〕電気仕掛けの家でのトミー・ナマケンボのくらしが、停電になったことで一変する。そのおもしろさに、クラス中で大爆笑になるのは必至。

〔推薦者②〕公共図書館スタッフ

〔対象〕全学年

〔場面〕学校での読み聞かせの時間。

森のおくから（むかし、カナダであったほんとうのはなし）

レベッカ・ボンド作、もりうちすみこ訳 ゴブリン書房 2017.9 1冊 28×23cm 1400円①978-4-902257-34-2

〔内容〕これは、いまから100年ほど前に、カナダでほんとうにあった話です。アントニオは、深い森にかこまれた、みずうみのほとりにすんでいました。近くに子どもがいなかったので、アントニオの友だちは、はたらくおとなたち。動物をさがして、ひとりで森を歩くことも好きでした。ある夏、おそろしい山火事がおきました。にげる場所は、ただひとつ——みずうみです。人間も、動物も、必死に生きのびようとしたそのとき、アントニオの目の前で、思いもよらないことがおこったのです…。

〔推薦者〕学校司書

〔対象〕中学年

〔場面〕図書の時間。

〔ひとこと〕2018年青少年読書感想文課題図書。中学年の部。自然との共生、動物たちとの関わり、命の重さを考えるきっかけをくれる。

もりのかくれんぼう

末吉暁子作、林明子絵 偕成社 2006.3
1冊（ページ付なし）51cm（ビッグブック）9800円①4-03-331430-X

〔推薦者〕公共図書館長（現）・学校司書（前）

〔対象〕低・中学年

〔場面〕ボランティア：読書週間中の特別おはなし会。

〔ひとこと〕隠し絵が楽しいので、教室や図書館で読むときにはビッグブックがおすすめです。

「もりのかくれんぼう」
末吉暁子作 林明子絵 偕成社

【や】

ヤクーバとライオン(1) 勇気
ヤクーバとライオン(2) 信頼

ティエリー・デデュー作、柳田邦男訳 講談社 2008.3／2008.7 1冊 31×22cm（講談社の翻訳絵本）1500円①978-4-06-283012-6／978-4-06-283016-4

〔内容〕アフリカ奥地の村の少年ヤクーバは一人前の若者として認められるために独りでライオンを倒しに出かける。しかしそこで出会ったのは、瀕死のライオンだった…。

〔推薦者①〕学校司書

〔対象〕高学年

〔場面〕図書の時間。卒業前のブックトークや読み聞かせで紹介。

〔ひとこと〕日本とはかけ離れた国に暮らす少年の絵本だが、迫力あるイラストと本当の「信頼」「勇気」とは何かを考えさせてくれる絵本。高学年児童の心を動かすことのできる力があると言える。2冊いっしょに読むことを勧める。

〔推薦者②〕教員・学校司書

〔対象〕高学年

〔場面〕担任 物語を楽しむ。道徳の授業と関連してもよい。

〔ひとこと〕命を考える勇気・信頼の2作からなる。

やさいのおなか

きうちかつさく・え 福音館書店 1997.1 47p 19×19cm（幼児絵本シリーズ）1030円①4-8340-1438-X

〔推薦者①〕学校司書

〔対象〕低学年

〔場面〕図書館でのお昼休みの短い時間に。

〔ひとこと〕男の子が一生懸命考えてくれます。

〔推薦者②〕教員・学校司書

〔対象〕低学年

〔場面〕担任、学校司書 生活科の学習と関連してもよい。

〔ひとこと〕野菜の断面の絵が良い。やさいのせなかもある。

やっぱりたまご
ねえちゃん

あきやまただし作・絵 鈴木出版 2007.6 1冊 27×22cm（ひまわりえほんシリーズ）1100円①978-4-7902-

5165-1

〔内容〕妹ができておおはりきりのたまごねえちゃん。おねえちゃんとして大活躍！もう甘えん坊は卒業！と思ったら…。

〔推薦者〕学校司書

〔対象〕低学年

〔場面〕図書の時間の読み聞かせ、パパママ（保護者）のための絵本の会で使用。5月頃の2年生に使用します。

〔ひとこと〕新入生のお相手に奮闘する2年生を見ていて「時には甘えていいんだよ」と伝えたい。

やまなしもぎ

平野直著、太田大八画 福音館書店 1977.11 39p 21×23cm（日本傑作絵本シリーズ）1200円①4-8340-0707-3

〔推薦者〕学校司書

〔対象〕低学年

〔場面〕図書室：国語の昔話単元にあわせて。

山ねこおことわり

あまんきみこ著、北田卓史画 ポプラ社 1977.4 31p 25cm（おはなし名作絵本）1000円①4-591-00555-0

〔内容〕松井さんはタクシーのうんて

んしゅです。ちょうど色づいたいちょう並木を走っていたとき、わかい男の人が手をあげました。「どちらまで？」「いうとおりにいってください」お客のいうとおり、ハンドルを右にまわしたり左にまわしたりして走っていくうちに、松井さんは、どこを走っているのかわからなくなってしまいました。やがて車は、細い一本道にでました。松井さんが、ふとバックミラーをのぞくと—なんと、うしろにすわっているのは、ネクタイをしめた山ねこだったのです。

〔推薦者〕図書館指導員

〔対象〕低学年

〔場面〕図書の授業始めにじゅうたんの敷いてある場所で。

やもじろうとはりきち

降矢なな作・絵 佼成出版社 2017.10 1冊 23×25cm 1300円 ①978-4-333-02766-8

〔内容〕ヤモリのやもじろうとハリネズミのはりきちは、あかちゃんのときからだいのなかよし。でも、いつからか、やもじろうははりきちとあそぶのがつまらなくなってしまった…。

〔推薦者〕学校司書

〔対象〕低学年

〔場面〕図書の時間の読み聞かせ。友だちの大切さ、登場人物に心を寄せながら物語に耳を傾けてほしい時に使用します。

〔ひとこと〕ページごとに生まれる感情をつぶやきながら聞く子が多いです。

やんちゃももたろう

野村たかあき でくの房 2003.3 1冊 27cm（でくの房の創作絵本）

〔推薦者〕司書教諭

〔対象〕全学年

〔場面〕司書教諭：隙間の時間や授業の始まりに。

〔ひとこと〕きちんとした桃太郎の本を読み聞かせしておく。

———【ゆ】———

ゆうひのしずく（えほんひろば）

あまんきみこ文、しのとおすみこ絵 小峰書店 2005.7.29 28p 28×22cm 1300円①4-338-18015-3

〔内容〕ひとりぼっちのきりん、いったいなにをみているの？

〔推薦者〕公共図書館スタッフ

〔対象〕低学年

〔場面〕小学校、週一回の読み聞かせの時間。

〔ひとこと〕互いの世界を知るというストーリー。学ぶことの楽しさを伝えてくれる。

ゆうびんやさん おねがいね

サンドラ・ホーニング文、バレリー・ゴルバチョフ絵、なかがわちひろ訳
徳間書店 2007.9 1冊 29×22cm 1500円
①978-4-19-862417-0

〔内容〕もうすぐ、とおくにすんでいるおばあちゃんのおたんじょうび。ぜったいにおばあちゃんがよろこぶプレゼントをおもいついたコブタくんは、ゆうびんきょくにでかけました。さあ、コブタくんのとっておきのプレゼントをはこぶ、ゆうびんリレーのはじまりです。まどぐちがかりのイヌさん、ゆうびんトラックをうんてんするウサギくん、ひこうきのきちょうクマキャプテンにゆうびんきょくちょうのネコさんなど、いろいろな動物のゆうびんやさんがかつやくする、楽しくて心があたたかくなる絵本。3さい〜。

〔推薦者〕学校司書

〔対象〕低・中学年

〔場面〕学校司書：図書の時間の読み聞かせに。

〔ひとこと〕話のきっかけがユニークで、展開も飽きさせません。そして、落ちは子どもたちの心を安心させます。最後のページを見せたときの、子どもたちのうれしそうな声を何度も聞きました。

ゆきがふったら

レベッカ・ボンド作、さくまゆみこ訳
偕成社 2005.11 40p 31×24cm 1600円
①4-03-201540-6

〔内容〕ゆきがふって、けしきがかわると、こどもたちのきもちはそわそわうきうき。こどもたちのからだもひとりでにうごきだす。ゆきがふったら、たのしいこといっぱいありますように—。3、4歳から。

〔推薦者〕図書館司書

〔対象〕低学年／特別支援学級

〔場面〕司書：読書の時間に行っている読み聞かせで。

〔ひとこと〕除雪車がきて喜ぶ子どもたちの嬉しさが伝わってくるような楽しい絵本。

【よ】

よあけ

ユリー・シュルヴィッツ著 福音館書店 1977.6 1冊 24×26cm（世界傑作絵本シリーズ・アメリカの絵本）1200円 ①4-8340-0548-8

〔推薦者〕大学非常勤講師

〔対象〕高学年

〔ひとこと〕目をつむって、その日の風や空気や音を感じてから、読み聞かせる。夜明け前の空気、静けさ、音、光をより感じることができる。

ようこそ なぞなぞ しょうがっこうへ

北ふうこ作、川端理絵絵 文研出版 2016.2 72p 21cm（わくわくえどうわ）1200円 ①978-4-580-82262-7

〔内容〕きょうは、なぞなぞしょうがっこうのにゅうがくしき。1年生になったてんちゃんが、しょうがっこうの門をくぐったら、がっこうのいろんなものがなぞなぞをだしてきて…小学1年生以上。

〔推薦者〕学校司書

〔対象〕1年生

〔場面〕「図書の時間」（週一回、国語からの授業時間）の読み聞かせ。

〔ひとこと〕なぞなぞを解きながら進む話を真剣に考えます。

よかったねネッドくん

レミー・チャーリップ作、八木田宜子訳 偕成社 1997.11 41p 26cm 1400円 ①4-03-201430-2

〔内容〕よかったね！（FORTUNATELY!）びっくりパーティーにしょうたいされ、ネッドくん、ニューヨークからとおいフロリダへしゅっぱつしたのはいいけれど…。いいことわるいこと、なんだかどんどんネッドくんにふりかかる。さあ、ネッドくんはぶじパーティーにたどりつけるのかな。

〔推薦者①〕特別支援学校 教諭

〔対象〕全学年

〔場面〕担任による読み聞かせ。

〔ひとこと〕ハラハラしながら進めた。

〔推薦者②〕学校司書

〔対象〕高学年

〔場面〕海外の小学校教師：視察に立ち寄られた際に急遽決まった授業内の英語での読み聞かせにて。

〔ひとこと〕日本語でも面白いのですが、英語でも絵の読み取りにより十分理解し楽しめました。

よるのおるすばん

マーティン・ワッデル文、パトリック・ベンソン画、山口文生訳 評論社 1996.11 1冊 22×26cm（児童図書館・絵本の部屋）1300円①4-566-00361-2

〔内容〕ふくろうのひなたちがある夜目をさますとおかあさんがいない。しんとしずかな夜の森。みをよせあってママのかえりをまちわびるひなたちのふあんにゆれる心。

〔推薦者〕学校司書

〔対象〕低学年

〔場面〕我が家の子供達が寝るときに。

〔ひとこと〕フクロウのヒナの兄弟が、夜いないお母さんを待つ様子が、自分たちに重なるようでした。丁寧な絵と文字の少なさがこの本の良さを際立たせています。

———【ら】———

ライオンと魔女

ルイス ,C.S. 著、瀬田貞二訳 岩波書店 2006.2.6 275p 18cm 新版（岩波少年文庫）680円①4-00-114034-9

〔内容〕地方の古い屋敷にやってきた4人きょうだいが、ある日大きな衣装だんすに入ると、雪のふりつもる別世界へとつづいていました。このナルニア国で、子どもたちは正義のライオンとともに、悪い魔女の軍と戦います。小学4・5年以上。

〔推薦者〕司書教諭、ボランティア

〔対象〕高学年

〔場面〕担任教師：給食時間や隙間時間に読み聞かせ。

〔ひとこと〕別世界への冒険ファンタジーの王道です。

ライフタイム（いきものたちの一生と数字）

ローラ・M. シェーファー文、クリストファー・サイラス・ニール絵、福岡伸一訳 ポプラ社 2015.6 1冊 24×30cm（ポプラせかいの絵本）1500円①978-4-591-14540-1

〔内容〕一生のあいだにキツツキが木にあける穴の数は30。イルカがつかう歯の数は100。タツノオトシゴが育てる子どもの数は1000—。本をひらいたら、いっしょに数をかぞえてみよう。いきものたちの一生にかくされた驚きの数の世界が見えてくるはずですよ。

〔推薦者〕学校司書・絵本専門士

〔対象〕全学年（1～4年）

〔場面〕4類を紹介する時。特に時期を

選ばず。

〔ひとこと〕子どもたちとやりとりしながら楽しく読みます。読後、数カ所振り返り、家庭で話してもらうことを宿題にします。

——————【り】——————

リスとはじめての雪

ゼバスティアン・メッシェンモーザー作、松永美穂訳 コンセル 2008.11 57p 26×20cm 1800円 ①978-4-907738-57-0

〔内容〕ふゆのあいだ、ずっとねむっているリスとハリネズミとクマは、雪をみたことがありません。しろくて、しめっぽくて、つめたくて、やわらかい—。雪をみるために、ふゆがくるまでおきていなくちゃ。

〔推薦者〕司書教諭

〔対象〕低学年

〔場面〕図書の授業（冬）。

〔ひとこと〕リスがはじめての雪を想像しているところがかわいい。また、その勘違いを楽しめる作品。

りゆうがあります

ヨシタケシンスケ作・絵 PHP研究所

2015.3 1冊 26×20cm 1300円 ①978-4-569-78460-1

〔内容〕ハナをほじったり、びんぼうゆすりをしたり、ごはんをボロボロこぼしたり、ストローをかじったり…。こどもたちが、ついやってしまうクセ。それには、ちゃんとした「りゆう」があるんです。4〜5歳から。

〔推薦者〕図書館指導員

〔対象〕低・中学年

〔場面〕担任：1年生 保護者が参観する読書の時間に。

〔ひとこと〕大人も楽しんで聞いていた。

りんご

松野正子作、鎌田暢子：絵 童心社 1984 20p 17.6×17.8cm 600円 ①978-4-49400-219-1

〔推薦者〕図書館司書、読み聞かせボランティア

〔対象〕幼児

〔場面〕図書館司書：おはなし会／ボランティア：病院の個室。

〔ひとこと〕『くだもの』『やさい』と並んで幼児さんによく読みます。

子どもの心を動かす読み聞かせの本とは　225

りんごかもしれない

ヨシタケシンスケ作 ブロンズ新社
2013.4 1冊 26×21cm 1400円 ①978-4-
89309-562-6

〔内容〕哲学？妄想？発想力？かんが
える頭があれば、世の中は果てしなく
おもしろい。ヨシタケシンスケの発想
えほん。

〔推薦者〕特別支援学校 教諭

〔対象〕全学年

〔場面〕担任による読み聞かせ。

〔ひとこと〕何度見ても、発見がある
ようだ。

——————【 る 】——————

ルピナスさん
（小さなおばあさんの
お話）

バーバラ・クーニー作、掛川恭子
訳 ほるぷ出版 1987.10 1冊 27×21cm
1200円①4-593-50209-8

〔内容〕ルピナスさんは、海をみおろ
すおかのうえにある、小さないえにす
んでいます。いえのまわりには、あお
や、むらさきや、ピンクの花が、さき

みだれています。ルピナスさんは小さ
なおばあさんですが、むかしからおば
あさんだったわけではありません。世
界中を旅行しましたし、「世の中を美
しくする」ためにステキなことを思い
つきました。この絵本は一人の女性の
人生の輝きを、ルピナスの花に託して、
静かに語りかけてくれます。バーバラ・
クーニーは、板に水彩絵の具で描き、
色えんぴつでアクセントをつけるとい
う独特な画法で、詩情あふれる物語世
界を作りあげています。6歳から。

〔推薦者〕司書教諭

〔対象〕高学年

〔場面〕朝の時間や授業に入る前など、
そのシーンに合わせて忍ばせたいそん
な絵本です。1回で読み切って欲しい
です。

〔ひとこと〕一人の人の生き様を美し
く描いた絵本。

ルラルさんの
だいくしごと

いとうひろし作 ポプラ社 2017.9 1冊
23×25cm（いとうひろしの本）1200
円①978-4-591-15530-1

〔内容〕ルラルさんのだいくしごとの
うでまえは、なかなかのものです。あ
まもりするやねのしゅうりだって、お
てのもの。ところが、おもわぬことが
おきてしまい…！？「ルラルさんのえ

ほん」シリーズ、第8作目のおはなし。

〔推薦者〕学校司書

〔対象〕中学年

〔場面〕図書担当：図書の時間の読み聞かせ。

〔ひとこと〕まったりとした時間の流れる話で、子供たちもやさしい表情になる。

ルラルさんのにわ

いとうひろし作 ポプラ社 2001.9 1冊 24×25cm（いとうひろしの本）1200円①4-591-06942-7

〔内容〕ルラルさんはまいにちにわのていれをします。ルラルさんじまんのたいせつなにわなんです。だれもにわにはいることをゆるしません。ところが、あるあさ、そのにわにおおきなまるたがころがっていました。そして…。第13回絵本にっぽん大賞受賞。

〔推薦者①〕図書館指導員

〔対象〕低学年

〔場面〕指導員：1年生、入学後のオリエンテーション。

〔ひとこと〕シリーズの本が何冊かあるので、最初に借りる本の候補になる。

〔推薦者②〕教員・学校司書

〔対象〕低学年

〔場面〕担任、学校司書 読書する時間

のはじめなど本が紹介できるとき。

〔ひとこと〕シリーズのどれもよい。ゆっくりな時間の流れを楽しみたい。

──────【ろ】──────

ろくべえまってろよ

灰谷健次郎著、長新太画 文研出版 1975.8 30p 29cm（ぽっぽライブラリ みるみる絵本）1300円①4-580-81393-6

〔推薦者①〕司書教諭、ボランティア

〔対象〕低学年

〔場面〕担任教師：給食時間や隙間時間に読み聞かせ。

〔ひとこと〕穴に落ちた犬をどうやって助けるのか。子どもたちが知恵を働かせました。

〔推薦者②〕図書館指導員

〔対象〕低学年

〔場面〕指導員：2年生に短い感想文をかかせる授業で。

〔ひとこと〕子どもたちからいろいろな感想が出てくる本。

〔推薦者③〕司書教諭

〔対象〕低学年

〔場面〕朝の時間や授業に入る前など、

そのシーンに合わせて忍ばせたいそんな絵本です。1回で読み切って欲しいです。

〔ひとこと〕みんなで力を合わせて知恵を絞ることが大切。

ロージーのおさんぽ

パット・ハッチンス作、渡辺茂男訳 偕成社 1975.08 1200円 ①978-4-03202-210-0

〔推薦者〕大学非常勤講師

〔対象〕低学年

〔ひとこと〕おはなしはめんどりのロージーのことだけを語るが、絵はロージーを狙う狐の失敗を伝えるおもしろさがすぐにわかる。

ロバのシルベスターとまほうの小石

ウィリアム・スタイグ作、せたていじ訳 新版 評論社 2006.2 1冊 28×22cm（児童図書館・絵本の部屋）1300円①4-566-00835-5

〔内容〕ある雨の日、ロバのシルベスターはのぞみがかなう、まほうの小石を見つけ、大よろこびで家に帰ります。ところが、そのとちゅう、ライオンにであってしまいました。そこで…。コールデコット賞受賞作。

〔推薦者〕学校司書

〔対象〕低学年

〔場面〕年に一度、図書館ボランティアがおこなう、学年別の読み聞かせ会にて。

〔ひとこと〕うっかり者のシルベスターが自分を小石に変えてしまう場面、後悔する様子、最後の親子が再会するシーンなど、子どもたちの気持ちが伝わってきます。

──── 【わ】 ────

わゴムはどのくらいのびるかしら？

マイク・サーラー文、ジェリー・ジョイナー絵、きしだえりこ訳 改訂新版 ほるぷ出版 2000.7 1冊 19×24cm 1200円①4-593-50402-3

〔内容〕わゴムが、どんどん、どんどんのびて…子どもの想像力をふくらませ、読む楽しみいっぱいの名作絵本、待望の再刊。読者、文庫、図書館から再刊希望のいちばん多かった絵本です。

〔推薦者〕学校司書

〔対象〕低・中学年

〔場面〕図書の時間。

〔ひとこと〕絵本自体は小さいけれど、内容のスケールは大きい。ビッグブックがあればなお可。絵本は面白いなぁ、読み聞かせは楽しいなぁを実感させられる1冊。

わすれられないおくりもの

スーザン・バーレイさく・え、小川仁央やく　評論社　1991.9　1冊　22×27cm（児童図書館・絵本の部屋）3420円①4-566-00264-0

〔推薦者①〕司書教諭

〔対象〕低学年

〔場面〕担任教師：国語の授業に合わせて。

〔推薦者②〕図書館指導員

〔対象〕低学年

〔場面〕図書の授業始めにじゅうたんの敷いてある場所で。

わたし

谷川俊太郎著、長新太画　福音館書店　1981.2　27p　25cm（かがくのとも傑作集）838円①4-8340-0847-9

〔推薦者〕司書教諭、ボランティア

〔対象〕低学年

〔場面〕担任教師：朝の読書で読み聞かせ。

〔ひとこと〕立場を替えると、呼び方がかわることがよくわかります。

わたしのせいじゃない（せきにんについて）

レイフ・クリスチャンソン文、にもんじまさあき訳、ディック・ステンベリ絵　大型版　岩崎書店　2017.2　16p　29×25cm　1800円①978-4-265-85109-6

〔内容〕無関心は無責任のはじまり。傍観することは、加担することと同じ。反対しないことは、賛成することと同じ。20年を超えるロングセラー絵本、大きくなって新登場！

〔推薦者〕学校司書・絵本専門士

〔対象〕中・高学年

「わたしのせいじゃない」
レイフ・クリスチャンソン文　ディック・ステンベリ絵　岩崎書店

〔場面〕道徳の授業の時クラスや学年で問題が起きたとき。

〔ひとこと〕ついいってしまいがちな一言。絵本を通してお話しの中で起きる事を一緒に考えて欲しい。1類の説明や紹介も合わせてする。

わたしのとくべつな場所

パトリシア・マキサック文、ジェリー・ピンクニー画、藤原宏之訳 新日本出版社 2010.9 32p 28×22cm 1500円 ①978-4-406-05287-0

〔内容〕肌の色がちがうというだけで、差別を受けた1950年代のアメリカ南部。パトリシアは「とくべつな場所」をめざして、一人で家を出ます。

〔推薦者①〕司書教諭

〔対象〕高学年

〔場面〕図書の授業。

〔ひとこと〕卒業を前に、図書館は自由の入り口であるメッセージが届けばと思い、読んだ。子どもたちに、途中で「とくべつな場所」はどこだと思う?と聞いて読んでみてもおもしろかった。

〔推薦者②〕図書館司書

〔対象〕高学年

〔場面〕ボランティア:学校の朝の読み聞かせ。

〔ひとこと〕6年生最後の読み聞かせに紹介したところ、よい反応だったと報告された。日本の子どもはアメリカの人種差別の歴史を知らないことが多いので、意識して紹介している。人種差別を、12歳になって初めて一人で外出する少女の目を通して描く。

わたしの庭のバラの花

アーノルド・ローベル文、アニタ・ローベル絵、松井るり子訳 セーラー出版 1993.7 40p 26×21cm 1600円 ①4-915632-90-3

〔内容〕"これはわたしの庭のバラの花。これはわたしの庭のバラの花でねむるハチ。"「ABC のおかいもの」のコンビによる、豪華な花壇の積み上げ歌が始まります。小さな子どもも、おじいちゃんもおばあちゃんも楽しめる本です。

〔推薦者〕学校司書

〔場面〕学校図書館司書として図書館の時間に読んだ

〔対象〕中・高学年

〔ひとこと〕言葉が重なっていく絵本。「これはのみのぴこ」が定番ですが、こちらは絵がとても美しいので。

ブックガイド編　　　　　　　　　　　　　　　　　　　　　　わにほ

わたしのワンピース

西巻茅子作　こぐま社　1969.12　1100円
①978-4-77210-018-2

〔推薦者〕図書館指導員

〔対象〕低学年

〔場面〕図書の授業始めにじゅうたん
の敷いてある場所で。

わたしはあかねこ

サトシン作、西村敏雄絵　文溪堂
2011.8　1冊　27×22cm　1300円　①978-4-
89423-730-8

〔内容〕わたしはあかねこ。とうさん、
かあさん、きょうだいたちとぜんぜん
にてないけのいろだけど、わたしはこ
のいろきれいでかわいくってすきだっ
たの。でも…。

〔推薦者①〕学校司書・絵本専門士

〔対象〕全学年

〔場面〕道徳の授業の時。

〔ひとこと〕個性の話をする時やジェ
ンダーについて考える時に読み聞かせ
します。感想を聞くと大人では思いつ
かない発想で発表してくれる子どもが
たくさんいます。

〔推薦者②〕学校司書

〔対象〕全学年

〔場面〕学校司書：図書の時間の読み
聞かせで。

〔ひとこと〕自己肯定感を持つこと、
多様性の問題などを伝えることができ
る本。最後に裏表紙まで子どもたちに
見せたとき、子どもたちの幸せそうな
顔が見られます。

わにさんどきっ
はいしゃさんどきっ

五味太郎著　偕成社　1984.5　1冊　23×
23cm　1000円①4-03-330330-8

〔内容〕わにさんが、いやいやながら
むしばをなおしにはいしゃさんにいき
ました。はいしゃさんは、こわごわち
りょうをはじめました。そして、さて、
どのようなことになりましたやら！？
同じ場面で同じ言葉が両方の口をつい
て出ます。そのちがいが絵で語られる
ゆかいな、楽しい絵本です。

〔推薦者〕学校司書

〔対象〕低学年

〔場面〕クラスでの読み聞かせに。

〔ひとこと〕ページをめくるたび笑い
がおこります。

ワニぼうのこいのぼり

内田麟太郎文、高畠純絵　文溪

子どもの心を動かす読み聞かせの本とは　231

ブックガイド編

堂 2002.5 1冊 24×19cm 1300円　①
4-89423-326-6

〔**内容**〕ワニぼうのためにおとうさんがこいのぼりをかってきてくれました。はるのかぜにきもちよさそうにおよぐこいのぼりをみているうちにおとうさんは…。

〔**推薦者**〕司書教諭、個人文庫主宰

〔**場面**〕文庫の5月のおはなし会で、鯉のぼりを作らせる活動をする前の動機付けで読み聞かせをしている。

〔**ひとこと**〕鯉だけでなく、犬やネコ、いろいろなものが、のぼりになってしまいます。

ブックガイド編　アンケート回答者一覧

朝日 仁美、有山 裕美子、石渡 英子、岩間 恵子、近藤 君子、徐 奈美、鈴木 研
鈴木 伸子、関 雅美、関田 明子、髙井 陽、多勢 千夏、田邉 ひろみ
ダニエル・ノーマン記念学園 軽井沢幼稚園、富永 香羊子、中山 美由紀、生井 恭子
花川 智子、樋高 智子、松岡 みどり、棟田 聖子、八島 ひとみ、横山 寿美代、
葭葉 みどり、渡部 康夫（五十音順　敬称略）

上記のみなさま以外にも氏名、機関名掲載を希望されませんでしたが4名の方、1機関にご協力いただきました。

編者略歴

岡崎 一実（おかざき・かずみ）
関東学院小学校校長。担任時代には毎日の読み聞かせを実施。
著書に『ひげうさぎ先生の子どもを本嫌いにする9つの方法
―親と子と教師のための読み聞かせガイド』（2004　柘植書房
新社）、『ひげうさぎ先生のだれでも書ける文章教室』（2005
柘植書房新社）がある。

野口 武悟（のぐち・たけのり）
専修大学文学部ジャーナリズム学科長・教授、放送大学客員
教授。博士（図書館情報学）。著書に『学校司書のための学校
教育概論』（2019　樹村房）、『子どもの本　情報教育・プログ
ラミングの本2000冊』（2018　日外アソシエーツ）、『学校経
営と学校図書館』（2017　NHK出版）、『障害者とともに生き
る本』（2017　日外アソシエーツ）他多数。

子どもの心を動かす読み聞かせの本とは
解説＆ブックガイド 400

2019年10月25日　第1刷発行
2020年10月25日　第2刷発行

編　　　者／岡崎一実・野口武悟
発　行　者／山下浩
発　　　行／日外アソシエーツ株式会社
　　　　　　〒140-0013 東京都品川区南大井6-16-16 鈴中ビル大森アネックス
　　　　　　電話 (03)3763-5241 (代表)　FAX(03)3764-0845
　　　　　　URL http://www.nichigai.co.jp/

　　　　　　電算漢字処理／日外アソシエーツ株式会社
　　　　　　印刷・製本／光写真印刷株式会社

©Kazumi OKAZAKI, Takenori NOGUCHI 2019
不許複製・禁無断転載　　　　　《中性紙三菱クリームエレガ使用》
＜落丁・乱丁本はお取り替えいたします＞
ISBN978-4-8169-2799-7　　**Printed in Japan, 2020**

子どもの本シリーズ

児童書を分野ごとにガイドするシリーズ。基本的な書誌事項と内容紹介がわかる。図書館での選書に役立つ。

子どもの本 総合学習 国際社会に生きる力を育む2000冊
A5・310頁　定価（本体8,000円＋税）　2019.7刊
国際問題や世界の国々、日本とのつながりなどに関する図書2,008冊を収録。

子どもの本 伝統行事や記念日を知る本2000冊
A5・390頁　定価（本体8,400円＋税）　2019.3刊
伝統行事・年中行事・祭り、各種の記念日に関係する図書2,550冊を収録。

子どもの本 情報教育・プログラミングの本2000冊
野口武悟編　A5・400頁　定価（本体8,000円＋税）　2018.11刊
コンピュータ・インターネット・プログラミング、情報教育の本1,948冊を収録。

ヤングアダルトの本シリーズ

ヤングアダルト世代向けの図書を分野ごとにガイドするシリーズ。中高生や同世代の若者が何かを知りたいときに役立つ図書、興味をもつ分野の図書を一覧。基本的な書誌事項と内容紹介がわかる。

ヤングアダルトの本 悩みや不安 迷ったときに読む4000冊
A5・420頁　定価（本体8,500円＋税）　2018.10刊
進路・人間関係・性などに「悩んだら参考になる本」をテーマ別に収録。

ヤングアダルトの本 社会を読み解く4000冊
A5・450頁　定価（本体8,500円＋税）　2018.11刊
環境・戦争・障害者問題など社会全体について「興味を持ったら役に立つ本」をテーマ別に収録。

ヤングアダルトの本 いま読みたい小説4000冊
A5・540頁　定価（本体8,500円＋税）　2018.9刊
児童文学・一般文学、日本・海外を問わず、作家327人の作品3,861冊を収録。

データベースカンパニー
日外アソシエーツ　〒140-0013　東京都品川区南大井 6-16-16
TEL.(03)3763-5241　FAX.(03)3764-0845　http://www.nichigai.co.jp/